由申 著

清代道教事务管理研究

儒道释博士论文丛书

巴蜀书社

《儒道释博士论文丛书》编委会

《儒道释博士论文丛书》由上海城隍庙和北京东岳庙资助出版

《儒道释博士论文丛书》缘起

国家“985 工程”四川大学宗教、哲学与
社会研究创新基地首席科学家
《儒道释博士论文丛书》
编委会主编　卿希泰

儒道释是中华民族传统文化的三大支柱，源远流长，内容丰富，影响深远，它对中华民族的共同心理、共同感情和强大凝聚力的形成与发展，均起了极其重要的作用，是我们几千年来战胜一切困难、经过无数险阻、始终立于不败之地的精神武器，在今天仍然显示着它的强大生命力，并在新的世纪里，焕发出更加灿烂的光彩。

自从 1978 年中国共产党第十一届三中全会确立改革开放路线以来，我国对儒道释传统文化的研究工作，也有了很大的发展，在全国各地设立了许多博士点，使年轻的研究人才的培养工作走上了有计划有组织地进行的轨道，一批又一批的博士毕业生正在茁壮成长，他们是我国传统文化研究方面的一支强大的新生

力量，是有关各学科未来的学术带头人。他们的博士学位论文有一部分在出版之后，已在国内外的同行学者中受到了关注，产生了很好的影响。但因种种原因，学术著作的出版甚难，尤其是中青年学者的学术著作出版更难。因此还有相当多的博士学位论文难以及时发表。不及时解决这一难题，不仅对中青年学者的成长不利，且对弘扬中华优秀传统文化，促进学术交流也不利。我们有志于解决此一难题久矣，始终均以各种原因未能如愿。直到1999年，经与香港圆玄学院商议，喜得该院慨然允诺捐资赞助出版《儒道释博士论文丛书》，当年即出版了第一批共5本博士学位论文。此后的10余年间，在圆玄学院的鼎力支持及丛书编委会同仁的共同努力下，一批又一批优秀的博士学位论文通过这个平台展现在世人面前，到2013年，已出版了15批共130部；这些论著的作者，有很多已经成长为教授、博士生导师。2014年，圆玄学院因自身经济方面的原因，停止资助本丛书，我们深感遗憾，同时也对该院过往的付出与支持致以敬意和感谢！

令人欣慰的是，当陈耀庭教授得知本丛书陷入困境的消息后，即与上海城隍庙商议，上海城隍庙决定慷慨施以援手。2015年，慈氏文教基金有限公司董事长王联章先生也发心资助本丛书。学术薪火代代相传，施善之士前赴后继。在党中央弘扬中华民族优秀传统文化的英明决策指引下，本丛书必然会越办越好，产生它的深远影响。

本丛书面向全国（包括港澳台地区）征稿。凡是以研究儒、道、释为内容的博士学位论文，皆属本丛书的出版范围，均可向本丛书的编委会提出出版申请。

本丛书的编委会是由各有关专家组成，负责审定申请者的博方面都进行了严格的控制与管理。作为社会生活的组成部分，宗教信仰也是官方政府严格管控的重点对象。陈寅恪也说："世人或谓宗教与政治不同物，是以两者不可参互合论，然自来史实所昭示，宗教与政治终不能无所关涉。"① 有清一代，道教拥有着众多的教徒与信徒，在社会生活的各个方面都有着不可小觑的影响与作用。因此，分析和讨论清王朝的道教事务管理，对于进一步发掘和探究清代的社会发展状况及政教关系有一定的意义。

道教在中国的历史长河中存在并传承近两千年，可以说与其不断地、积极地自我管理不无关系。在清代，道教日臻成熟，其内部拥有着大型的教团组织，以及众多的名山宫观和相应的经济来源等，但其发展却日渐式微。为了实现道门内部及其与世俗社会的关系和谐，道教需要有一套与之相适应的管理规范，对教内的人员、宫观、经济进行组织与协调，以确保其向前健康发展。道教在中国的历史长河中存在并传续近两千年，回顾每个历史时期，不难发现其总是在前代的基础上，根据当下时代背景及自身要求不断地健全和完善教内的管理体制。有清一代，为扭转道门内部的颓败风气，教内的有识之士在宫观的日常管理、戒律与清规、传戒与授箓等方面，都进行了一系列的整顿和规范，在某种程度上，对清代道教的发展起到了一定的促进作用。清代的道教发展，可以说与其不断地、积极地自我管理不无关系。是故，探析清代道教的内部管理问题，对于厘清中国道教发展脉络有着重要的学术价值。

事实上，今天的道教管理也有对清代道教管理的继承和发

---

① 陈寅恪：《陈垣〈明季滇黔佛教考〉序》，《金明馆丛稿二编》，北京：生活·读书·新知三联书店，2001 年，第 272 页。

绪 论

一 选题概述

道教产生于东汉末年，以黄、老道家思想为根基，视“道”为最高信仰，是通过对儒家、墨家、阴阳家、神仙家及医家诸多理论学说的兼容并收，最终杂糅而成的一种本土宗教。从广义的角度来看，它是一种综合了精神、文化、组织、行为的社会现象。卿希泰指出：“道教与中国古代的政治和社会生活，有着极其密切的关系。可以说，不对中国道教进行深入的研究，就不可能全面地了解中国古代的社会及其历史。”①

清朝是由满族建立的大一统王朝，是中国历史上最后一个封建王朝。自1636年，皇太极改国号为“清”，历11帝，共统治中国276年。为巩固王朝统治，清朝的统治者们构建了彻底的君主专制中央集权制度，对社会的政治、经济、文化、思想等诸多

---

① 卿希泰主编：《道教与中国传统文化》，福州：福建人民出版社，1992年，第12页。

目　录

士学位论文的入选工作。我们掌握的入选条件是：(1) 对有关学科带前沿性的重大问题做出创造性研究的；(2) 在前人研究的基础上有新的重大突破、得出新的科学结论从而推动了本学科向前发展的；(3) 开拓了新的研究领域、对学科建设具有较大贡献的。凡具备其中的任何一条，均可入选。但我们对入选论文还有一个最基本的共同要求，这就是文章观点的取得和论证，都须有科学的依据，应在充分占有第一手原始资料的基础上进行，并详细注明这些资料的来源和出处，做到持之有故、言之成理，避免夸夸其谈、华而不实。我们提出这个最基本的共同要求，其目的乃是期望通过本丛书的出版工作，在年轻学者中倡导一种实事求是地、一步一个脚印地进行学术研究的严谨学风。

由于编委会学识水平有限和经验与人力的不足，难免会有这样或那样的失误，恳切希望能够得到全国各有关博士点和博士导师以及博士研究生们的大力支持和帮助，对我们的工作提出批评和建议，加强联系和合作，给我们推荐和投寄好的书稿，让我们一道为搞好《儒道释博士论文丛书》的出版工作、为繁荣祖国的学术文化事业而共同努力。

2015年10月1日于四川大学宗教、哲学
与社会研究创新基地，道教与宗教文化研究所

编委会按：2017年，慈氏文教基金有限公司因自身原因中止资助，其资助金额由北京东岳庙管委会慷慨承担，谨此致谢。

扬。例如王常月制定的“三坛大戒”传戒制度与张洪任修订的《天坛玉格》中的授箓制度，时至今日，仍然为道门所广泛采用。在新时代发展的背景下，道教自身面临着诸多新的机遇与挑战，现代道教的管理问题，应当被认真对待和正确处理。清王朝的灭亡距今只有一百余年，探究和批判清代道教事务管理的成败与得失，对政府制订和实施更为妥善的道教管理制度有着参考和借鉴意义。同时，研究清代道教内部的管理规范，可以为促进道教自身发展，为构建和谐社会提供有益的启迪。

二　研究现状

国内外有关“清代道教管理”这一课题的研究成果主要有以下几类：

宗教通史类著作中的相关研究　早在20世纪30年代，傅勤家《中国道教史》[①] 第十七章中，就有对清代道教、宫观及道士情况的简要叙述。卿希泰主编的四卷本《中国道教史》[②] 第四卷第十一章，概括总结了清朝中期以前皇室对道教的利用与抑制政策以及相关管理事宜，并分别提到了清代两位著名道士王常月与张清夜及其各自的著作《初真戒律》与《玄门戒白》。此外，任继愈主编的《中国道教史》[③]，以及牟钟鉴、张践所著的《中国宗教通史》[④]，对清王朝的道教管理情况也都有一定的介绍。日

① 傅勤家：《中国道教史》，北京：商务印书馆，2011年，第173—175页。
② 卿希泰主编：《中国道教史》（四卷本），成都：四川人民出版社，1996年。
③ 任继愈主编：《中国道教史》，北京：中国社会科学出版社，2001年。
④ 牟钟鉴、张践：《中国宗教通史》，北京：社会科学文献出版社，2002年。

本学者窪德忠著、萧坤华译的《道教史》[①] 的第六章“教团道教的停滞和民众信仰”详细讨论了清代道教教团的统一管理。福井康顺、山崎宏、木村英一等所著的《道教》[②]，在“明清时代的道教”一节中，对清代道教教团组织的管理情况有一定介绍。

国外学者的断代研究　小柳司气太在《白云观志》[③] 中，对清代白云观道士的修持生活、日常生活、经济状况及宫观概况等方面都有较为细致的研究。五十岚贤隆根据自己在沈阳太清宫生活的两年见闻，《太清宫志》[④] 直观地展现了伪满时期道教十方丛林的内部管理情况，其中附有不少清末文献资料。法国学者高万桑（Vincent Goossaert）在《1700～1950 年的全真教》[⑤] 一文中，主要探讨了1700—1950 年之间全真道宫观生活和仪式的管理制度，在考察全真教团的规模和全真道士生活的一般模式的基础上，讨论了传戒、法派、十方丛林所体现的社群文化，并重点介绍了清代道教管理的规范性文本与戒律。意大利学者莫尼卡（Monica Esposito）的《清代中国的龙门派：教义理想与地方实践》[⑥] 一文，根据《碧苑坛经》论述了王常月的全真道教义思想，通过比较其与金盖山支派著述的差异性，作者试图阐释清代龙门派教义思想的一些基本特质，并对王常月的戒律思想进行了

① 〔日〕窪德忠：《道教史》，萧坤华译，上海：上海译文出版社，1987 年。

② 〔日〕福井康顺、山崎宏、木村英一等：《道教》，朱越利译，上海：上海古籍出版社，1990 年。

③ 〔日〕小柳司气太：《白云观志》（附《东岳庙志》），东京：东方文化学院东京研究所，1934 年。

④ 〔日〕五十岚贤隆：《太清宫志》，郭晓峰、王晶译，济南：齐鲁书社，2015 年。

⑤ 〔法〕高万桑：《1700～1950 年的全真教》，张广保编，宋学立译：《多重视野下的西方全真教研究》，济南：齐鲁书社，2013 年，第 354—457 页。

⑥ 〔意〕莫尼卡：《清代中国的龙门派：教义理想与地方实践》，张广保编，宋学立译：《多重视野下的西方全真教研究》，济南：齐鲁书社，2013 年，第 458—520 页。

相关分析。美国学者孔丽维在《全真道规：以海因里希·哈克曼所藏为例》[①] 一文中，对清代全真道的清规戒律的具体内容进行了研究，并提出了一些新的观点。刘迅在《张将军瘗埋枯骨：清初南阳重建中全真教与清廷之合作》[②] 中，依据南阳玄妙观旧址新发现的三通全真教碑刻，重点讨论了清初南阳地区社会重建中全真道士与地方官的互动与协作，为深入研究清初的地方道教政策提供了新的视角。此外，玄妙观的全真道士积极参与到当地慈善事业、宫观修复、社会重建方面的贡献，也体现出一种动态的、有规律的全真宫观的生活方式。刘迅在《显真映圣：晚清时期的道教娘娘画、宫廷眷顾、命妇虔信与宫观扩张》[③] 一文中，对清末白云观方丈高仁峒的生平事迹及其与清朝内廷的关系进行细致的讨论，其中，回顾了清朝长期以来对道教的严格管理政策，特别是对正一道领袖正一真人的贬抑过程。此外，他在《神仙与祖师：十九世纪中国满洲官员及其家人的道教世界》[④] 中，阐述了晚清统治阶层在生活与职业需要中的道教信仰实践，并介绍了清廷对白云观的发展及丘祖祭拜活动给予的支持和资

① 〔美〕孔丽维：《全真道规：以海因里希·哈克曼所藏为例》，张广保编，宋学立译：《多重视野下的西方全真教研究》，济南：齐鲁书社，2013 年，第 521—572 页。

② 〔美〕刘迅：《张将军瘗埋枯骨：清初南阳重建中全真教与清廷之合作》，张广保编，宋学立译：《多重视野下的西方全真教研究》，济南：齐鲁书社，2013 年，第 178—213 页。

③ 〔美〕刘迅：《显真映圣：晚清时期的道教娘娘画、宫廷眷顾、命妇虔信与宫观扩张》，张广保编，宋学立译：《多重视野下的西方全真教研究》，济南：齐鲁书社，2013 年，第 214—276 页。

④ 〔美〕刘迅：《神仙与祖师：十九世纪中国满洲官员及其家人的道教世界》，张广保编，宋学立译：《多重视野下的西方全真教研究》，济南：齐鲁书社，2013 年，第 277—353 页。

助。韩书瑞在《北京妙峰山的进香之旅：宗教组织与圣地》[①] 一文中，重点研究了北京地区的城市宫观、香客、信众及会社，同时介绍了当时清政府有关百姓进香之事的政策法令。

国内学者的相关著作　于本源在《清王朝的宗教政策》[②] 中，对清王朝的道教的管理政策进行了研究，认为统治者对道教的认知为“巫”，以致其对道教有不同于明王朝的态度。常建华在《清代的国家与社会研究》[③] 中，重点考察了清朝前期政府的道教度牒制度的制定与实施情况。杨启樵在《明清皇室与方术》[④] 中，从方术的角度，论述了方伎对清初皇室的影响。王卡在《清代天师道概述》[⑤] 中，对清代天师道的兴衰及沿革进行了概括与论述。刘仲宇在《光绪抄本〈正乙天坛玉格〉》[⑥] 中，依据光绪二十八年（1902）的手抄本《正乙天坛玉格》，对清代正一道的授箓情况做了相关探讨。樊光春在《西北道教史》[⑦] 中，介绍了清代道教在西北地区的发展脉络，披露了许多新发现的地方文献资料，并据此提出了若干新观点。尹志华在《清代全真道历史新探》[⑧] 中，对道教与清廷的关系、清代全真道在全国各地的传戒，以及各地宫观修复情况都做了系统性研究。汪桂平在

---

① 〔美〕韩书瑞：《北京妙峰山的进香之旅：宗教组织与圣地》，《民俗研究》，2003 年第 1 期。

② 于本源：《清王朝的宗教政策》，北京：中国社会科学出版社，1999 年。

③ 常建华：《清代的国家与社会研究》，北京：人民出版社，2005 年。

④ 杨启樵：《明清皇室与方术》，上海：上海书店出版社，2010 年。

⑤ 王卡：《清代天师道概述》，刘仲宇、吉宏忠编：《正一道教研究》第二辑，北京：宗教文化出版社，2013 年，第 2—31 页。

⑥ 刘仲宇：《光绪抄本〈正乙天坛玉格〉》，刘仲宇、吉宏忠编：《正一道教研究》第二辑，北京：宗教文化出版社，2013 年，第 88—115 页。

⑦ 樊光春：《西北道教史》，北京：商务印书馆，2010 年。

⑧ 尹志华：《清代全真道历史新探》，香港：香港中文大学出版社，2014 年。

《东北全真道研究》[1] 中，对清代东北全真道的复兴与繁荣，东北全真道著名宫观及道士进行了详细地讨论。吴亚魁在《江南全真道教》[2] 中，对清代江南地区全真道的发展进行了介绍与分析。刘康乐在《中国道官制度史》[3] 中，介绍和考察了清代道官制度中的北京道录司及地方各级道官的相关情况。

学术论文方面的相关研究　赵铁峰在《度牒制度与清前期社会制度变迁》[4] 中，从官方对道士的人数控制和度牒制度的变迁等方面，对清政府的道教管理政策有一定讨论。郑永华在《清代乾隆初年道教史事两则考订》[5] 中，对清代正一道遭到官方贬抑的经过进行了考证。周德全在《清初道教"沉寂"原因探论》[6] 中，将道教"沉寂"原因归结于清初政教的关系紧张，因皇帝不信道教，道教赖以贵盛的上层传道路线被阻断。杨立志在《论清代湖广官吏与武当山建筑维修》[7] 中，考察了清代湖广地方军政官吏对武当山道教建筑的维修情况。刘怀荣、石飞飞在《清代崂山道教发展考略》[8] 中，从地域道教角度考述了清代崂山道教的发展，文中亦有涉及相关的地方道教的管理情况。唐大潮在《〈阴符发秘〉、〈玄门戒白〉思想浅析》[9] 中，对张清夜的

---

① 汪桂平：《东北全真道研究》，北京：中国社会科学出版社，2014 年。

② 吴亚魁：《江南全真道教》，上海：上海古籍出版社，2012 年。

③ 刘康乐：《中国道官制度史》，郑州：中州古籍出版社，2020 年。

④ 赵铁峰：《度牒制度与清前期社会制度变迁》，《求是学刊》，2008 年第 4 期。

⑤ 郑永华：《清代乾隆初年道教史事两则考订》，《宗教学研究》，2009 年第 3 期。

⑥ 周德全：《清初道教"沉寂"原因探论》，《宗教学研究》，2009 年第 1 期。

⑦ 杨立志：《论清代湖广官吏与武当山建筑维修》，《湖北社会科学》，2006 年第 6 期。

⑧ 刘怀荣、石飞飞：《清代崂山道教发展考略》，《青岛师范学院学报》，2012 年第 4 期。

⑨ 唐大潮：《〈阴符发秘〉、〈玄门戒白〉思想浅析》，《宗教学研究》，2004 年 6 月。

戒律思想也做了相应的阐释。

学位论文方面的相关研究　王志忠在博士论文《明清全真论稿》① 中，分析了清朝初年道教政策对全真道的影响。范成忠在硕士论文《清代康雍乾时期的宗教政策研究》② 中，通过对清初的道教政策的考察与分析，讨论了官方针对道教发展而实施的抑制性政策。郭金凤在硕士论文《清代广州道教初探》③ 中，从地域道教的角度，对清代广州道教的发展做了细致地探讨，文中有对清代广州道观的修建及道士传道情况的相关介绍。清代的道教事务管理，除包括中央王朝的道教政策及运作机制外，还包括道教内部有识之士对道教自我管理提出的建设性意见。其中，关于清代全真道道士王常月的研究论述颇多，常有涉及道教管理的相关内容。朱展炎在博士论文《驯服自我：王常月修道思想研究》④ 中，对清代的道教管理政策、王常月的戒律思想，特别是初真戒律的诠释等方面都有系统性地解读。张巍青在硕士论文《王常月戒律思想研究》⑤ 中，对王常月的戒律思想的具体内容和实践情况也有一定研究。

综上，有关清代道教管理的研究的发展趋势主要有以下几点。首先，由于材料的广泛搜集和研究的深入，学术界对于清代道教管理的讨论，在广度和深度上均得到一定的提升。近年来学者的视野更为开阔，逐渐从不同的视角、多元的侧面对“清代

① 王志忠：《明清全真教论稿》，成都：巴蜀书社，2000 年。

② 范成忠：《清代康雍乾时期的宗教政策研究》（硕士学位论文），新疆师范大学 2009 年。

③ 郭金凤：《清代广州道教初探》（硕士学位论文），广州大学 2009 年。

④ 朱展炎：《驯服自我：王常月修道思想研究》（博士学位论文），成都：巴蜀书社，2010 年。

⑤ 张巍青：《王常月戒律思想研究》（硕士学位论文），西南大学 2010 年。

道教事务管理”这一主题进行了社会学、历史学、文献学的全方位和系统性解读，提出了诸多不同的理论观点和研究进路。其次，对清代相关的道教人物如王常月、张清夜、董清奇等人的研究也日渐深入，相关的专著及学术论文等研究成果不断涌现。此外，基于大量原始典籍和著作，对清代道教事务管理进行系统考察、梳理和解读，日益成为今后研究不可回避的课题。不过，纵观以上研究成果，多是侧重国家对道教的管理政策及体制的基础性研究，缺乏对清代道教管理的整体性及深入性研究。同时，有关清代道教内部的管理规范的研究尚且薄弱，缺少对清代道教事务管理的通贯性及系统性研究成果。

三　研究思路

（一）本书的研究内容

在阐述本书的主要研究内容之前，首先对书中涉及的几个概念进行界定：

（1）清代　清朝是满族建立的大一统王朝，亦是中国历史上最后一个封建王朝。自1636年皇太极改国号为“清”，至辛亥革命爆发，1912年溥仪颁布退位诏书，清朝共存在276年。本书的研究内容涉及的时间界限自1644年清军入关，顺治帝迁都北京，成为全国统治者为始，至1912年，宣统帝退位为止。其间共有顺治、康熙、雍正、乾隆、嘉庆、道光、咸丰、同治、光绪、宣统10位皇帝在位。本书对清军入关前，皇太极统治时期在东北地区的道教管理制度略有涉及，但不做详细讨论。

（2）道教　本书以清代道教为主要研究对象，清代道教主要分为全真道与正一道两大教派，故本书中道教管理的研究对象基本以二者为主。同时，本书对清代的男女出家道士做整体性研究，不作区别对待，在家道士的管理情况亦不在本书研究的范围内。

（3）道教管理　道教作为中国土生土长的传统宗教，是中国古代社会生活中一个重要组成部分，自创教始，对中国古代的政治、经济、文化等各方面都产生了一定的作用与影响。道教活动的正常有序发展，离不开当朝统治者对道教的有效管理。管理是指管理主体利用各种要素（如人、财、物、信息和时空等），借助一定管理手段，实现该主体的目标的过程。管理的核心是人，主体运用政策、制度、规范、惩罚等管理手段完成不同的管理目标。管理的过程主要包括管理规则（制度和规范等）的制定，规则的实施，相关影响效果等。本书讨论的道教管理，根据管理主体和涉及内容的不同，分为清朝政府的道教事务管理与清代道教内部的教团管理两个部分。前者是以中央王朝为主体的政府权力机构对道教组织及宗教活动的管理与规范，后者则是道教内部教团组织的自治管理。清廷对道教事务的管理主要包含官方的道教管理机构设置、道官的选任、道教宫观管理、道教度牒管理等方面的政策与规章制度，以及对道教组织社会活动的行为规范。一般来说，清朝政府对道教事务的管理属于宏观方面的管理，不涉及道教组织具体的内部管理，是在外部从大方向上对道教活动进行规范和引导。管理模式主要是制定和实施道教管理的政策、法规、制度等规范性的管理体系，以巩固清王朝统治为根本目的。相对而言，道教内部的管理是具有独立管理职能的道教组织对道教内部各种事务的管理，属于微观方面，内容主要涉及教团组织为规范道士行为而制定的戒律、清规，以及道观内部的对组织、人事、财物、宗教活动、日常生活的规范性管理。因此，本书涉及的道教管理是广义上的宗教管理，这里的道教管理既是一种社会性的道教活动的管理，又是一种特定的宗教组织和宗教活动的管理。在这个定义中，具体的管理者与管理对象，以及管理所运用的资源范围都包含两个方面。一个方面的管理者主要是官方的政府机构，管理对象是道教的社会性活动，管理资源涉及整个社会的资源；另一个方面的管理者主要是道教组织的领导者与管理者，管理对象是相关道教组织的管理者及道众，管理资源涉及特定的道教组织的内部资源。

本书的研究内容主要包括两个部分：一是清王朝的道教事务管理，是清廷及其各级行政机构对各种道教事务的管控与规整；二是清代道教内部事务的管理，它以道教宫观为依托，涉及道门内的具体事务、宗教活动及日常生活的规范性管理，以及清代道教著名学者在道教管理，尤其是戒规等方面的建设性思想理论。

第一部分，即第一章至第四章，以清王朝对道教事务的管理为主要内容，具体分为清代诸帝的道教政策、中央至地方各级道官制度、官方对道教度牒的管理、官方对道教宫观的管理等。

清朝的政治体制是高度集中的君主专制制度，帝王本人对道教的态度，直接关系到各种道教政策的制定与实施。特别是乾隆朝之后，皇权与道教的关系相对紧张，道教的上层发展路线出现滞碍。在失去官方的支持之后，上层道教颓势明显，逐渐走向衰落。在“黜异端以崇正教”的文教思想的影响之下，清代帝王的道教政策的基本原则是抑制为主，利用与礼遇为辅。有节制的利用，明显增强了道教对皇权的依附性，可发挥其“阴翊王道”

的作用，但同时也极大地削弱了道教在国家政治生活中的地位及影响。

清代的道官制度虽继承了明代遗制，却也有诸多不同之处。其道官制度的主要特点是中央王朝对道教的管理较前代更为严格，更多地插手道籍管理、度牒发放等具体的道教事务。清代的道官通过国家行政机关的审核，再经由有关部门下达任命，具体来说，内务府负责道官的选补事宜，而礼部则承担颁发任命状、设僧道科管理道官的相关具体事务。同时还添加了正、副印及协理等道官，进一步细化了道官的管理职责，且规定道官不再享有俸禄。道录司及地方各级道教管理机构主要负责传达中央政策，监管政策的具体施行，以及对相关的宗教活动进行管治。此外，在明、清两朝国家祭祀中负责礼乐事务的神乐观，在乾隆帝的整改下，实现了完全的“去道教化”。

在清代，道教度牒是道士合法身份的证明。历代帝王通过对道教度牒发放的管理，了解道士们的基本情况、选补道官，进而实现对道教的有效控制和管理。清朝初年，由于社会动荡，国家财政吃紧，顺治朝的道教度牒制度曾因是否纳银给牒出现了几次反复变更的状况，最终以官方取消纳银给牒而告终，此后清朝再无纳银给牒的规定。康、雍两朝的道教度牒制度变化不大，道教度牒曾一度免于发放。乾隆朝是清代道教度牒管理最为严厉的时期。乾隆帝自当政始，先以厘清佛、道为由，对度牒制度予以重新修订和颁发，并为此颁布了一系列的谕旨。到乾隆四年（1739），官方停止颁发度牒，转而实行师徒传牒制度，再由督抚奏报每年僧、道实际增减人数，辅以“四柱清册”为主要形式的道籍管理办法。然而，这些复杂而严苛的道教度牒管理办法的效果并未达到乾隆帝的预想，加之乾隆帝本人愈发感受到管理道教事务的复杂与困难，最终在乾隆朝中期，官方终止了对道教度牒的管理，并最终废除了对道教度牒管理的制度。

为了巩固清王朝的统治，清朝政府对道教宫观加以多方面的管制，限制道教在各地区的发展，其管理内容主要涉及对既有道教宫观的保护，对新宫观创建的严格限制；对道教宫观经济来源，如田产及房屋租赁的管理；对道教宫观社会功能中的民间赛会活动的管控等方面。不过，这些管理举措的后续似乎效果不佳，但也反映出当时道教在社会发展中所受到的官方限制，这些与道教在有清一代日趋衰落也不无关系。

第二部分，即第五章至第七章，以道教的内部事务管理为主要内容。清代道教主要分为正一道与全真道两个道派，其中，全真道强调住观清修，对道士自身的约束极为严格。从教门内部来看，由于道教十方丛林内的道众素质参差不齐，为保证大家在修持与生活中和谐共处，共同精进，全真道对丛林内的管理十分重视。本书以现存的清代北京白云观及陕西留侯张良庙等道教内部文献资料为基础，对清代道教丛林的组织、修持及生活制度进行具体分析与探讨。

明清之际，道门颓败的风气盛行，清代道教内的有识道士如王常月、张清夜、董清奇等人从加强道教戒律的角度，提出了有关加强教门管理的新思想，促进了清代全真教团组织的稳定发展。在道教管理中，戒律与清规是必不可少的一部分，它能对道众起到一定的警戒和约束的作用，维护道观正常生活和活动秩序。本书共列举了五种清代道教宫观清规榜文，其中，白云观、张良庙的清规榜代表了全真道十方丛林的清规榜，紫霄宫代表了半丛林半子孙庙的清规榜，自在庵代表了子孙庙的清规榜，太和宫则代表了正一道宫观的清规榜。清代道教清规榜的主要内容涉及道士们的衣着、饮食、睡眠、言谈、云游、钱财、执事、教规、往来、道德行为等方面，道士一旦触犯禁令，住持就会从清规榜文中择取相应的惩罚措施进行处罚，这些惩罚的措施包括跪香、迁单、杖出、革出、逐出、炙眉、罚灯油充公、焚形等。不过，由于宫观属性和自身需要不同，各个宫观的清规榜在榜文涉及禁令的数量和严重程度上都有所不同，一般来说，十方丛林的清规榜最为严格。

正一道授予道士经箓法职的科仪是“授箓”，全真道向道士传授戒规律法的科仪是“传戒”。对道教本身而言，举行“授箓”和“传戒”活动，可以整合教团、演示教义、教授规法、教习科仪，提高道士群体的整体素质，有利于道法的继承和传续。为了加强道教的自身建设，王常月与张洪任分别在前人基础上，重新修订了这两项科仪，对后世的道教道法传承影响颇为深远。

对清王朝和道教内部而言，道教的管理问题不可回避，且十分重要。其中，中央王朝对道教的整体性管理是道众必须遵守的外部规范；而道教内部制定的组织、修持及生活规章则是道众必须遵守的内部规范，两者均与道众的宗教修行与日常生活有着密切关系。前者是清朝政府在吸取前朝（明朝）的经验与教训的基础上，根据本朝的实际情况，对道教整体采取的所有控制原则、策略和措施，并不局限于对道众或道教某个具体方面的治理。在清王朝对道教事务的管理过程中，清朝政府根据具体情况也会适时地调整管理策略，将道教活动置于官方的行政管理系统内，防止道教过度发展与扩张，威胁封建王权统治，具有一定的原则性与灵活性。其道教管理的本质是巩固帝王的中央集权统治，但有关度牒等方面的管理也能对道教本身起到一些正面作用，鉴于道众出身、品性、学识的参差不齐，这些管理对提高道众的整体素质有一定的积极意义。后者是清代道教内部对道众在修行中所涉及的组织、人事、宗教活动、日常生活等方面的规范性管理。其管理的目标根据各教团组织具体情况的不同，呈现出多样性特征。不过，由于道教组织本身是服务于道众修道而存在，故道教内部管理不仅是为了维持道教组织内部的秩序性，更有加深道众宗教信仰，提升其修道境界的神圣性目的。作为清朝子民的道众，其修持与生活必须要在世俗政权的管辖范围内进行，否则就会遭到官方的严厉打击。因此，在道教内部的管理规范中，基本都有强调道众必须遵守国法，不得玷辱道风。总体来说，官方的道教管理与道教内部的自我管理并没有冲突之处，反而是相辅相成，共同组成了清代道教事务管理体系。

（二）研究方法及技术路线

首先，本书采用历史文献学的方法，通过全面而细致地文献梳理与考订，以专题论文的形式考察清代道教事务中的关键问题。在重点考察清朝的官方正史、宫中档案及道教内部的相关第一手资料的基础上，对清代道教事务管理做出更加合宜的历史性定位与解析，力图做到“论从史出，史论结合”。

其次，本书对清代的道教事务管理进行了历史性辨析。道教是历史的产物，它们在一定的历史时期才产生，并反映了一定历史时期人们的某种追求。本书将道教事务管理的研究置于清代的政治、经济、文化等社会大背景下，以历史叙事再现历史的场景，探讨具体历史条件下道教管理政策与规范的产生背景、具体内容、执行效果及后世影响等，在反思历史过程中，追求对历史事件的重新建构。

再者，本书运用了比较分析法，对历代教内外的道教管理沿革进行论述，对比研究了清代道教事务管理体系。同时，根据道教宫观属性的不同，对其进行了比较分析与解读。

（三）创新性

学术思想与学术观点特色和创新　在清王朝高度集中的君主专制体制下，为了巩固统治，帝王们构建了一个完整而复杂的道教管理体系，它以巩固王权为根本目的。但在管理过程中，根据具体情况，官方也会适时进行调整，体现了一定的原则性、灵活性，以及实用主义的管理思想。过去有关清代道教事务管理的研究成果，多是侧重于官方政府制定的道教管理政策法规，基于道教本身的道教管理研究稍显薄弱。而本书对清代道教内部的涉及的组织、人事、宗教活动、日常生活等方面的规范性管理情况都进行了相对全面地分析与讨论。借鉴已有的相关重要研究成果，综合两个研究角度，本书力图实现对清代道教事务管理较为深入地通贯性研究。

研究方法的特色和创新　根据研究对象的客观维度，笔者试以宗教学、历史学、社会学、政治学等多学科的方法，从现象的、关系的、思想的、政策的角度入手分析，努力做到理论联系实际、宏观兼顾微观、历史结合现实。本书将清代道教管理制度研究置于清代整个政治、经济、社会、文化背景之下，运用文献解读、历史辨析和比较考察等研究方法，打破了教条式的旧有观念，以专题研究的形式，对清王朝的道教政策、道官制度、度牒

政策、宫观管理政策产生的历史背景、具体内容、管理效果及后世影响等问题做出了相对合宜地历史性定位与解析。

四　清代道教发展概况

清代，道教在上层社会的发展总体处于停滞、衰落态势。这与清代诸帝对道教的较为冷淡的态度不无关系。顺治元年(1644)，清统治者入主中原。作为边疆的少数民族，为巩固其在全国的统治，清统治者有意识地消除满汉民族隔阂，对儒、释、道三家均采取利用为主的态度。顺治帝在位期间曾谕礼部："朕惟治天下，必先正人心，正人心必先黜邪术。儒、释、道三教并垂，皆使人为善去恶，反邪归正，遵王法而免祸患。"[①] 这里的"反邪归正"在后来渐而形成了清朝历代帝王所遵循的"黜异端以崇正学"的文教政策。同时，为了证明清王朝继承了华夏文化的"道统"，维护皇权的合法性和神圣性，在儒、释、道三者之中，清统治者选择儒家加以推崇。他们对儒家的伦理纲常思想加以维护，并全面沿袭了明朝的以敬天祭祖为主的国家祭祀体系。清朝的康、雍、乾三代对儒家的尊崇达到鼎盛，雍正帝曾这样阐释尊孔的意义："至圣先师孔子，以仁义道德启迪万世之人心，而三纲以正，五伦以明。后之继天御宇兼君师之任者，有所则效。以敷政立教，企及乎唐虞三代之隆，大矣哉。圣人之道，其为福于群黎也甚溥，而为有益于帝王也甚宏，宜乎尊崇之

① 《清世祖实录》卷104，《清实录》，北京：中华书局，1985年，第3册，第811页。

典与天地共悠久也。”① 可见，清王朝所尊崇的儒学，是可以辅佐王道的儒学，这也是他们一直强调的“正学”。与此相对，佛、道二者在清代帝王那里只有劝善戒恶的“补于治化”的功用。雍正帝曾言：“域中有三教，曰儒、曰释、曰道。儒教本乎圣人为生民立命，乃治世之大经大法。而释氏之明心见性，道家之炼气凝神亦于吾儒存心养气之旨不悖，且其教皆主与劝人为善，戒人为恶，亦有补于治化。”② 实际上，在清代诸帝中，雍正帝对道教态度最为温和。乾隆帝即位后，开始对道教进行了严格的管束与制约，主要内容包括对道教度牒、道教宫观、正一真人及娄近垣等方面的管理。此外，自乾隆朝开始，《大清会典》不再将道录司单独列出记载，只将其列于礼部之下。乾隆朝《大清会典·凡例》有：“衙门次第皆按品级，遵照旧典序列……僧录、道录两司，已详礼典，皆毋庸开载。”③ 反观康熙、雍正两朝的《大清会典》皆将道录司作为单独的条目附在各衙门之后并做了记载，这从侧面说明了清代中后期道教不再受清王朝政府的重视与扶持。帝王们对道教的抑制政策也导致清代中后期道教在上层社会的发展出现了滞碍，整体趋于衰落。为寻求新的发展空间，道教在民间愈加活跃起来。

道教在元代以后开始出现教派的融合，后来逐渐整合成为相对集中的两大教派，即全真道与正一道。明洪武二十四年

---

① 《清世宗圣训》卷4，《景印文渊阁四库全书》，台北：台湾商务印书馆，1986年，第412册，第56页。

② ［清］娄近垣：《龙虎山志》卷1，《藏外道书》，成都：巴蜀书社，1992年，第19册，第427—428页。

③ 《钦定大清会典则例》卷92《方伎》，《景印文渊阁四库全书》，台北：台湾商务印书馆，1986年，第622册，第891页。

(1391)，明太祖命礼部清理释、道两教，明确指出学道者分正一、全真。此后，道教大体分为全真、正一两大教派。到清代，道教的两大教派不似元代那般具有较强的领导核心与较为整体的宗教活动，其下的各种小支派依然在各地区活跃并努力谋求自身的发展。

（一）清代正一道的发展概况

清初诸帝对正一道领袖正一真人仍予以一定礼遇，如顺治六年（1649），张应京入京觐见，顺治帝赐宴礼遇，敕封张应京“正一嗣教大真人”，并赐予银印一枚。不过，顺治帝在敕书中训诫正一真人：

> 兹特命尔袭职，掌理道箓，统率族属，务使异端方术，不得惑乱愚民。今朝纲整肃，百度惟贞，尔其申饬教规，遵行正道。其附山本教族属贤愚不同，悉听纠察，此外不得干预。尔尤宜法祖奉道，谨德修行，身立模范，禁约该管员役，俾之一守法纪，毋致生事，庶不负朝廷优加盛典，尔其钦承之。①

在元、明两朝，龙虎山天师道兴盛之时，龙虎山的正一真人，曾被授予管理江南道教，甚至天下道教事务的实权。但在清初，官方除敕封正一真人世袭大真人号，赐予银印，秩视二品的礼遇外，并未给予加封，只授权正一真人管理龙虎山天师府及大上清宫等本山教属与教务，不得干预此外的其他事务。顺治七年(1650)，清政府更定驿传应付则例，正一真人与六部尚书、都

---

① ［清］张仁晟：《重修留侯天师世家张氏宗谱》，光绪十六年编，参见王卡：《清天师道概述》，《正一道研究》第2辑，北京：宗教文化出版社，2013年，第10页。

察院左右都御史、镇守总兵官都督同知、衍圣公的待遇相同，皆是："夫三十名，马十匹，水给船一只。夫马不兼支。近京四百里，夫十六名，马六匹。如在任在差病故，水给船一只，陆给车一辆，无车处准夫二十名。"① 顺治八年（1651），张应京入京觐见，在返还龙虎山的途中，逝世于扬州琼花观。顺治九年（1652），张洪任袭任"正一嗣教大真人"。此后，顺治一朝，张洪任曾多次协助清政府禳治灾疫。

康熙六年（1667），张洪任病逝，但其子张继宗尚且年幼，不能袭任真人一职。《龙虎山志》记载：

> 礼部题该臣等议得江西巡抚董卫国疏称：已故张洪任止生一子张继宗，乃侧室所出，理应承袭洪任，未故之先见子年幼不能袭替，特取其同父异母之弟洪偕，托之摄理抚养，并亲族公议佥同，俟继宗长成承袭，将印务交还，取有该府县印结在案等语。既据该抚查明伊弟张洪偕托之摄理，俟继宗长成承袭，将印务交还，题报前来相应，暂令伊弟张洪偕摄理，知会吏部俟继宗长成之日，仍令袭爵可也。②

但张洪偕在协理期间，未尽抚养职责，反而致使张继宗与其母流离失所。康熙十八年（1679），张继宗十五岁（虚岁），袭封"正一嗣教大真人"。当时正一真人袭爵的程序定例为先由江西巡抚上疏礼部，并行文取得龙虎山所在府县（广信府贵溪县）地方官印结保证，待江西巡抚的题本上奏文书到达礼部后，再由

① 《清世祖实录》卷51，《清实录》，北京：中华书局，1985年，第3册，第402页。

② ［清］娄近垣：《龙虎山志》卷8，《藏外道书》，成都：巴蜀书社，1992年，第19册，第492页。

礼部拟议题奏康熙帝，得旨依议后，再移咨吏部，正式授予正一真人袭为正一嗣教大真人，或者准予署理印务。此后，张继宗本人在康熙一朝颇受荣宠。康熙二十六年（1687），张继宗入京觐见，康熙帝赐号“碧城”，并御书“大真人府”“大上清宫”匾额。康熙三十五年（1696），恩赐乾坤玉剑。康熙四十六年（1707），赐京师府第。康熙五十二年（1713），赐以帑金修理龙虎山上清宫等宫殿，同时派内务府要员孙文成巡查，四年后竣工。不过，在康熙二十二年（1683），关于张继宗上疏请恩诏诰命及父母丧葬之事，康熙帝并没有给予逾例的待遇，只给了所袭衔名的诰命，并告诫臣等：“一切僧、道原不可过于优崇，若一时优崇，日后渐加纵肆，或别致妄为。尔等识之。”①

纵观雍正一朝，正一道所受的礼遇主要得益于雍正帝对娄近垣的崇信。娄近垣（1688—1776），字朗斋，号三臣，又号上清外史，江南松江娄县（今属上海松江）人，清代正一道著名道士。娄近垣，其祖、父皆为道士。弱岁师事杨纯一于枫溪仁济坛，后因“慕龙虎之胜”②，遂入龙虎山，师从周大经，习五雷诸法，及诸家符秘，并终成博综符箓的正一道高道。雍正五年（1727），娄近垣随正一真人张锡麟入京循例赴阙朝贺，行至杭州时，张锡麟病笃，弥留之际，嘱咐娄近垣：“吾无以报国家厚恩，子忠诚笃实，其体予志，以善事天子。”③ 娄近垣遂得以接

① 《清圣祖实录》卷111，《清实录》，北京：中华书局，1985年，第5册，第132页。

② ［清］娄近垣：《龙虎山志》，《藏外道书》，成都：巴蜀书社1992年，第19册，第422页。

③ ［清］娄近垣：《龙虎山志》，《藏外道书》，成都：巴蜀书社1992年，第19册，第475页。

近雍正帝。雍正帝此前因圣体欠安，召白云观道士贾士芳进宫治病，因其多言妖妄之事，滥用邪术，触忤雍正，被雍正按大逆罪处斩。但由于雍正帝仍感余邪缠身，便又命娄近垣进宫设坛礼斗，辅以符水治疗，不料其病竟然得愈。这件事是娄近垣取得雍正帝宠信的重要契机。此外，娄近垣“秉性忠实，居心诚敬”[①]的处世态度，也颇受雍正帝的赞赏。自雍正九年（1731）始，清政府开始赐予娄近垣各种恩赐，首先是封四品龙虎山提点、钦安殿住持。提点一职本为真人任命，品级通常为六品。因深受皇家荣宠，娄近垣的龙虎山提点一职，不仅由皇帝直接敕谕，更是升至四品。钦安殿有是清宫大内之中非常重要庙宇，这些显示出娄近垣在政治上的得势。接着，雍正又先后赐御笔匾额“清吟恬淡”和“澡雪心神”，还多次赐御笔对联、诗等。雍正九年（1731）三月，朝廷拨库银，命娄近垣与浦文焯监督修整龙虎山上清宫。宫殿竣工后，娄近垣为《重修龙虎山志》作序。雍正十年（1732），朝廷颁给龙虎山上清宫提点印信，同时给予提点、提举等员部札 25 道。雍正十一年（1733）六月，娄近垣被任命为改建后的大光明殿住持，同年八月，封“妙正真人”。重修后的大光明殿，于同年十月初十告竣，开山仪式前，官方决定在住持娄近垣之下，加设副住持 4 名、法官 44 名。大光明殿所使用的法衣、法器等皆由内务府管辖内的苏州织造所供给。随后，娄近垣的官位又晋升为三品，诰授通议大夫，荣及祖、父。至乾隆元年（1736），娄近垣兼任道录司印务事和东岳庙住持等职务。值得一提的是，乾隆十五年（1750），在御史梅彀成的弹

---

① ［清］娄近垣：《龙虎山志》，《藏外道书》，成都：巴蜀书社 1992 年，第 19 册，第 427 页。

劾下，龙虎山正一真人张遇隆的品秩由二品降为五品，并被取消其觐见、筵宴资格，但娄近垣却仍为三品通议大夫。原本仅为法官的娄近垣，此时却得到了比正一真人更高的品秩和职务，是十分罕见的情况。此外，雍正、乾隆两朝，龙虎山地区各宫观庙宇的修缮事宜，基本都归娄近垣掌管。乾隆四十一年（1776），娄近垣逝于京城北妙缘观，乾隆赐银百两治丧，墓葬于江西龙虎山。

乾隆年间，在官方大规模的整顿道教的过程中，正一道也未能幸免。乾隆七年（1742），署理真人张昭麟卸任，张遇隆袭爵为五十六代天师，入京觐见乾隆帝，遭到负责觐见事宜的大臣梅瑴成的参奏。《清实录》记载：

> 鸿胪寺卿梅瑴成奏，正一真人张遇隆恭祝万寿。据礼部文称，随班行礼，应列左都御史下，侍郎前。臣思真人乃道家之流，祈禳驱邪，时有小验，仍而不革可也，假以礼貌可也。乃竟入朝班，俨然与七卿并列，殊于观瞻有碍，应请敕部定议，不必令入班行。得旨，此奏是。该部议奏，寻议应如所请，嗣后真人承袭谢恩，臣部带领引见，并遵三年来朝之例，准其入觐，照例筵宴，宴毕还山。倘在京适值百官朝贺之期，免其列班行礼。从之。①

清初遵循明朝旧制，正一真人可随班行礼，但鸿胪寺卿梅瑴成认为这样的做法并不适宜，正一真人不应列于群臣之中。他的参奏得到了乾隆帝的赞同，乾隆帝规定此后正一真人承袭谢恩之

---

① 《清高宗实录》卷174，《清实录》，北京：中华书局，1985年，第11册，第235页。

事，须由相关大臣带领引见，遵循三年来朝一次之例，准许其觐见皇帝，按照惯例举办筵宴，但宴会结束后，须立即返回龙虎山。倘若在京时正值百官朝贺之期，可免正一真人列班行礼。至乾隆十二年（1747），梅毂成再次上疏乾隆帝，认为道教本属异端，正一道擅长的符箓是道教旁门，对国朝的贡献不足以使其具有世袭资格，其不配获得高品级的官职。梅毂成请求乾隆帝给予提点、演法一类的品级。礼部对此议覆的结果是：

> 正一真人，秩视二品，原属明代旧制。近复加至光禄大夫，题请袭封。伏思孔子至圣，后裔承袭公爵，颜曾思孟以下，不过博士。今张氏所袭，竟与圣裔无别，请照提点演法之类，给与品级，停其朝觐筵宴等语。查正一真人，世居江西龙虎山，至宋始有封号，元加封天师，秩视一品。明初改正一嗣教真人，秩视二品。本朝仍明之旧，而会典不载品级，盖以类于巫史方外。原不得与诸臣同列，即康熙、雍正间，曾荷褒封，亦用以祈求雨泽，非如前代崇尚其教，而必阶以极品也。至从前给一品封典，亦因无案可稽，但凭旧轴题给，原未可为定制，嗣后应不许援例假借，题请给封。至所奏授为提点演法之类，所见亦是。但道录司左正一，系正六品。正一真人有统率道众之责，若授为提点演法，则亦系正六品。查太医院院使，秩正五品，巫医本相类。请将正一真人，亦授为正五品。其原用银印，即令缴部，嗣后缺出，应令该抚查其子孙应袭者，取具地方官印结，咨部袭补，照

道官例注册。至朝觐筵宴，均如该副都御史所奏停止。①

梅毂成再次上奏的结果致使龙虎山正一真人的地位与待遇遭到了贬抑。正一嗣教真人品秩降为正五品，所用的银印上缴。正一真人承袭之事，由江西巡抚查明其应当世袭之人，并领取地方官的保证文书，发公文给礼部，然后让世袭之人承袭替补，按照道官之例注册。此外，正一真人觐见与筵宴之事均遭到禁止。自此，清代正一道的发展逐渐转向衰落。乾隆三十一年（1766），张存义袭爵为第五十七代正一嗣教大真人，入京觐见，“以祈雨晋秩正三品，换给爵印，赐‘直灵福地’匾额”②，同时，乾隆帝允许正一真人来朝时，其与随行法官，照旧例驾乘，驿马疾行。乾隆三十四年（1769）正月，赐正一真人张存义冠服。另据《清史稿》记载，乾隆三十九年（1774），龙虎山真人府监纪司张克诚留京，并设置协理、提点 2 人。这说明在乾隆朝中后期，龙虎山天师府的情况稍有好转。乾隆四十五年（1780），张起隆袭爵为第五十八代正一嗣教大真人。正一真人“专出”箓是明朝旧制，清朝沿袭了此项规定，让龙虎山正一真人拥有垄断授箓的特权。但在乾隆末年，发生了数次冒名天师传播符箓以敛钱的事件，甚至波及了龙虎山的正一道领袖正一真人，出于安抚目的，乾隆五十二年（1787），乾隆帝诰授张起隆为通议大夫，可来京觐见皇帝，定五年一次。

嘉庆五年（1800），张钰袭爵为第五十九代正一嗣教大真

① 《清高宗实录》卷 304，《清实录》，北京：中华书局，1985 年，第 12 册，第 981 页。

② 张元旭：《补天师世家》，〔日〕小柳司气太：《白云观志》，东京：东方文化学院东京研究所，1934 年，第 352 页。

人。次年，嘉庆帝诰授其为通议大夫。嘉庆九年（1804），嘉庆帝奏准给其正一真人三品印信。此后，屡有赏赐。不过，在嘉庆二十年（1815），因正一真人下属法官邹尚勤私自在江南苏杭一带考选道童填补京城光明殿道众缺额，被地方官参奏，张钰被交予礼部处置，并被禁止朝觐筵宴。自此，正史中再无龙虎山的正一真人入京觐见的记载。

道光元年（1821），张钰恳请来京，遭到道光帝的拒绝，并下谕旨，明确了龙虎山上清宫正一真人的属员构成，共有提点、提举、副理、赞教、知事等26名法官。其选补由正一真人在龙虎山正一道的道士中拣选补充，与道录司选补道官的程序相似，也是层层递补的方式。候补法官由正一真人考核，报明江西巡抚，咨送礼部查核。同时，需要造送本山的法官及道众的年貌清册。值得注意的是，此时禁止正一真人用空白札付向各省考选道士，如有违反，从重治罪。

清代的正一道以符箓法术见长，在道教义理方面的建树相对较少，但娄近垣却是清代正一道中留有较多著述的道士，他的道教思想主要体现在《御选语录》（收入《龙虎山志》）之中。首先，在道论方面，娄近垣将《老子道德经》中“道可道，非常道。名可名，非常名”① 的思想与大乘佛教的“空观”思想糅合在一起，“援佛入道”，形成了自己的新道论。在援引佛教的“空观”思想后，娄近垣强调“无心”是性命修炼之道。其次，娄近垣还阐释了“三教一源”思想，如其在《示后学》中说：“众生仙佛，同一大圆镜智，不过遇圣现圣，遇凡现凡。因有圣

① 楼宇烈校：《老子道德经注校释》，北京：中华书局，2008年，第1页。

凡之差别，强立镜中之觉照。如圣凡同体，心境一如，则觉照之功，何处所施设?”① 他认为众生佛仙被视作同源而出，只因觉照之不同，而有差异之存在。此外，娄近垣还整理和出版了重要的科仪法事集《黄箓科仪》，将清代道教经常使用的法事都汇集于此编，在其整理下，该书中还保留了不少珍贵的道乐曲牌。

娄近垣在统治者的支持下，以北京大光明殿为发展中心，开创了“正乙道”这一道教新门派。关于它的创立，《龙虎山志》记载有雍正帝的上谕：“雍正十一年六月初六日，娄近垣面奉上谕：‘大光明殿现在修整与你，作子孙常住。上清宫去选些法官来，若上清宫人少，在苏州选几个来，你好好教他学法，将来光明殿，你就是第一代开山的人了。钦此。’”②不过，有关正乙道的记载并不详尽，仅能以现存的资料推知一二。《龙虎山志》卷三言：

> 本宫相传向分三派，由来已久，其师长之称，实同一脉，但无定派命名，使尊卑日久难考，非法也。因定四十字，从今至后，三派合一，依次名，四十字完，许“辰”字辈再续四十个字，完而复续，以此例垂于永久。续者字文不得重复。此非余敢为创作，欲使吾教祖师法裔名分尊卑，虽千百年，不至凌紊，亦正宗旨大要也。③

娄近垣所定的四十字，即：“近远资元运，久长保巨淳。道

① ［清］娄近垣：《龙虎山志》，《藏外道书》，成都：巴蜀书社，1992年，第19册，第553页。

② ［清］娄近垣：《龙虎山志》，《藏外道书》，成都：巴蜀书社，1992年，第19册，第429页。

③ ［清］娄近垣：《龙虎山志》，《藏外道书》，成都：巴蜀书社，1992年，第19册，第447页。

惟诚可宝，德用信为珍。秉敬宏丹箓，葆真启世人。鸿图赞景祚，圣泽振昌辰。”① 这里所说的三派合一，很可能是指娄近垣创立的新道派。明末清初，因正一真人地位下降，以龙虎山为中心的正一道发展也每况愈下。教派内部组织涣散，教团势力明显减弱。加之，第五十六代天师张遇隆尚且年幼，天师府相关事宜先后由张庆麟、张昭麟掌控，当时龙虎山正一真人力量并不强大。相比之下，娄近垣却备受荣宠，到乾隆朝时，其地位、声誉及影响力都已远超正一真人。因此，由他来规整龙虎山诸道派，并创立一个新道派也不无可能。关于新道派的名称，《白云观志·诸真宗派总簿》第三十二“正乙派”中记录的传代字为“近远资元运，久长保巨淳。道惟诚可宝，德用信为珍。秉教宏丹箓，葆真启世人。鸿图赞景祚，圣泽振昌辰。玉局受经后，贵水传灵根。青城垂世派，妙法继洪钧”②。这六十字与娄近垣所定的四十字相比较，除个别字为误写外，前四十字基本吻合，后加的二十字与娄近垣提到的续字也相合。这里的“正乙派”极可能是娄近垣创立的新门派。正乙道除以大光明殿为发展的核心基地外，苏州玄妙观和江西龙虎山也是主要发展基地。该派以娄近垣为第一代开山人，主习正一符箓和神霄雷法，直至民国时仍有传承。

（二）清代全真道发展概况

金代中期，全真祖师王嚞（王重阳）于金大定年间（1161—1189）在中国北方创立了一种有别于以往传统道教的新教派——

① ［清］娄近垣：《龙虎山志》，《藏外道书》，成都：巴蜀书社，1992年，第19册，第447页。

② 《白云观志》，《藏外道书》，成都：巴蜀书社，1992年，第20册，第578页。

全真道。全真道在融合儒、释、道三家思想的基础上，强调性命双修与功行并重，对以往道教的教理教义、教团组织、修行方式及终极境界等方面都进行了全面的革新。至元代，王嚞弟子丘处机西行受到成吉思汗的礼遇，在官方的支持下，全真道在全国迅猛传播和发展起来，曾一度达到鼎盛，形成与正一道两大教派并立的局面。与元时相比，明代全真道发展相对沉寂。明中后期以后，境况稍有好转。

顺治元年（1644）清军入关后，为镇压农民军、消灭南明诸政权等反抗武装进行了一系列由北至南的统一中国的战争。在清军征服了各个地区之后，为恢复社会秩序，取得当地民众的拥护，在地方官员与驻军统领的主导与支持下，各地重新修造了道教宫观庙宇，其中不少宫观成为此后这一地区的弘道中心，例如武当山的复真观、终南山楼观台、成都青羊宫、南阳玄妙观等。这些宫观的住持多由官方选择的一些品行高洁的道士担任，例如成都二仙庵的住持即为清初全真道著名道士陈清觉。

与此同时，清初的王常月、李常明、郭守真、周太朗、陈清觉、徐守诚、朱道朗等一批全真高道顺应时势，在各地区开始阐教弘道，对全真道在清初的复兴起到了推动作用。其中，以全真道龙门派的发展最为迅猛。龙门派是清代全真道中最具实力和社会影响的一个支派。该支派尊丘处机为开派宗师，清初以高道王常月的传道活动最为积极和活跃。顺治至康熙年间，全真道龙门派第七代律师王常月先后在北京、江浙、武当山一带的开坛传戒。他在多次的传戒中，收纳了一批道门俊才，这些人此后效仿王常月在全国各地（以江南地区为主）阐教弘道，并开创了龙门派的诸多支派，《金盖心灯·龙门正宗流传支派图》记载黄守正开创苏州浒墅关太微律院支派；金筑老人（或曰盛青崖）开创余杭金坪筑天柱观支派；陶守真开创金盖山纯阳宫云巢支派；黄守中开创云南鸡足山竺心宗支派；施道渊开创苏州穹窿山支派；等等。加之，王常月的徒弟谭守诚、徒孙詹太林等人先后开坛传戒，使得全真道龙门派在全国各地广泛传播开来，奠定了龙门派在清代全真道中的主导地位，也无疑促进了全真道在清代的发展。但不知为何自詹太林之后，至嘉庆十二年（1807）之间，无法找到这段时间内有关全真道的大规模传戒活动的历史证据。这也就是说在雍正与乾隆年间，作为全真道龙门派的祖庭的北京白云观在阐教弘道方面是基本趋于沉寂的。但这一时期，全真道在东北、西北、西南、江浙、广东等地还有发展。其中，全真道士郭守真的徒裔在东北地区积极弘扬道教，使得全真道在关东地区得到了广泛的传播；陕西楼观台在全真道士梁一亮的住持下进行了大规模的重修；西南地区有全真高道张清夜振兴了武侯祠与青羊宫等等，此处不再一一列举。

嘉庆至道光年间，全真道的传戒再次兴起，丛林复振。嘉庆十二年（1807），北京白云观从华山请来张本悟律师，白云观恢复大规模的传戒活动，并持续至今。随着白云观的不断发展壮大，全国各地宫观的全真道士陆续来到此处受戒。北京白云观因而再次成为全国的全真道传播中心。与此同时，东北地区的全真丛林开始形成，盛京（今沈阳）太清宫多次开坛传戒，铁刹山及千山全真道的宫观得到了修缮；在西北地区，道教内丹学家刘一明在此云游访道数十年，并在甘肃兰州的栖云山、兴隆山等地修建了一系列道观，陕西的西安八仙庵及楼观台等地的修缮活动也十分频繁；西南成都地区的二仙庵、武侯祠、青羊宫等全真道观继续传承发展；江浙一带，杨来基复兴了黄岩委羽山大有宫，闵一得在金盖山等地著书弘道，振兴了湖州的道教；此外，在华南地区，广东的纯阳观、三元宫以及罗浮山等地的道观也在道士们的努力下得到了重新修复，全真道在此处得到了传承。

但咸丰至宣统年间，由于国内的太平天国运动的领袖信奉“拜上帝教”，崇信上帝，反对信仰其他宗教、祭祀其他神灵，对其统辖和征战地区的道教建筑物进行了大肆的破坏，不少道观惨遭焚毁，这给道教在清末的发展造成比较大的冲击和影响。太平天国运动结束后，南阳玄妙观的方丈张宗璿因曾协助清军守城有功，深受当时清廷的爱重，北京白云观遂请其来京开坛传戒。张宗璿的传戒弟子中，有内廷太监刘增禄与后来的白云观方丈高仁峒，这两人后来均得到宫廷的眷顾，使得清末时期白云观持续兴盛不衰。同时，由于北京白云观的频繁传戒，全真道内部培养了一大批优秀的弘道人才，他们加强了全真道各道观间的联系，也增加了各地区道教十方丛林的数目，对全真道的发展具有积极的意义。

在清代，全真道的其他门派的传道事业都不如龙门派那般兴盛，但在“龙门中兴”的推动下，各道派还是有一定的发展的。例如华山派以郝大通为开门宗师，其本山在华山，清初时曾向江南一带发展，可见龙门派于江浙、东南一带的盛传，对全真道其他道派也起到了引导作用。

明清鼎革之际，战争频仍，民不聊生，社会苦难的加剧，为道教带来了有利的发展条件。不少感怀故国之思，坚守气节的明朝遗民拒绝入仕，转而遁入道教，隐于黄冠之中。谢正光、范金民编《明遗民汇辑》一书中，记载的有道士身份的明朝遗民有数十人。这无疑为全真道带来了一批具有高文化水平的上层道士。在清代全真道诸派别中，尤以龙门派最具实力，这不仅表现在该派支派的发展方面，同时也表现在其对道教理论建树方面。从对道教教理教义思想的发展上看，龙门派在清代出现的著名道教学者有王常月、张清夜、刘一明及闵一得等人，他们在继承以往道教思想的基础上，针对道教的教理与教义提出自己的见解，进行了新的阐释。这些人的思想在当时道门中产生了重要影响，他们的著作也有幸流传至今。其中，王常月的思想主要体现在《碧苑坛经》与《初真戒说》之中，他在广泛吸纳儒、释、道三家理论的基础上，认为“三教同源”“三教一理”，强调修道要以“戒”为核心思想。张清夜的思想主要体现在《阴符发秘》与《玄门戒白》之中，他从道教内丹修炼的角度来阐释《阴符经》，认为在修炼之中要注意制五贼、谨三要，必须学会用“扶藏”之法。同时，他还强调“知动知时”与“时动知修”等。张清夜的《玄门戒白》则是其有感于道门衰败的不良现象后撰写而成，本书此后会有详细讨论，暂且不谈。刘一明曾撰写过大量有关道教经典注疏及修道理论的著作，这些著作在嘉庆年间集结为道教丛书——《道书十二种》。他在对道教以往内丹学说的总结基础上，结合自己对内丹修炼的实证体悟，形成了自己关于宇宙观、生命观、价值观及丹道论的全新阐释，其著作皆具有较强的理论思辨性。在刘一明之后，闵一得对全真道龙门派的思想做了进一步的阐扬，他在继承前人的思想成就的基础上，多有著述，于清道光年间集中收入《古书隐楼藏书》之中。他还撰有《金盖心灯》一书，对全真道龙门派第一代至第十四代近一百多位道士的生平事迹进行了记录，此书采取了纪传体形式，是研究龙门派历史的重要历史材料。闵一得的修道思想主要有“真一”“真元”论，其同样强调三教同修论。

综上所述，清代的道教主要分为正一道与全真道两大道派。其中，正一道在清初曾得到过当权者的礼遇，但与明代相比，正一道领袖正一真人的权力明显受到了限制，管理范围缩小，当权者只许其管理龙虎山本山的道教事务。雍正一朝，因娄近垣颇受雍正帝的崇信，正一道曾一度获得清廷的重视，龙虎山道教宫观建筑群得到了扩建与修复。至乾隆朝，乾隆帝在大臣梅瑴成谏言下对正一真人的地位和待遇进行了贬抑，导致正一道，乃至道教整体在上层社会的发展受阻。此后，正一真人的地位虽然有所提升，但已不再被清政府所重视。相对而言，除个别情况外，在清代，全真道既没有受到清廷的尊崇，也没有遭受到明显的贬抑。尹志华认为：“全真道在清代的兴衰，主要取决于教团本身的人才状况以及各地宫观所处的社会环境。”① 明清之际，全真道在王常月等高道的带领下，实现了“龙门中兴”，全真道由此开始公开传戒，这也使全真道在全国各地得以迅速传播开来。这些全真高道在各地区积极传道，并致力于道教宫观庙宇的创建与修复工作。全真道的公开传戒，促进了道教丛林的兴盛发展，各地区的有志道士在历代道教内部管理制度的基础上，丰富和完善了道教的丛林管理体系。全真道是主张道士住观、清修的道派，极为重视对道士言行举止的约束，因此清代的戒律及清规榜也有所发展。清代的道教思想的发展主要体现在道教戒律思想、道教内丹理论与实践等方面，儒、释、道融合更加充分，道教的世俗化进

① 尹志华：《清代全真道历史新探》，香港：香港中文大学出版社，2014 年，第 7 页。

程加快，实现了从上层到下层、从官方至民间的转化。虽然道教在上层社会受到冷落，但在下层社会，道教与民间信仰的融合趋势加深，一些民间信仰的主神逐渐出现在道教神仙体系中，得到了道教的认可。同时，清代道教在自身管理方面的完善，对近代乃至今天的道教管理仍有重要的影响与现实意义。

第一章 清代的道教政策

清朝高度集中的专制背后，隐藏着来自社会、经济、政治、文化等各方面的矛盾与危机，在各种巨大的压力下，不可避免地走向了中国封建社会的尽头。但在清朝也出现了中国古代的最后一个盛世——“康乾盛世”。在康熙、雍正两朝社会经济的持续发展后，乾隆帝在位期间达到了“康乾盛世”的鼎盛时期。与此同时，君主专制体系也发展到史无前例的高度。道教是中国的传统宗教，它在清代社会中亦有着重要的影响力。为巩固清王朝的统治，清代的诸位皇帝在“黜异端以崇正学”的原则之下，基本采取了抑制为主，利用与礼遇为辅的道教政策。

第一节 道教政策沿革

东汉末年，初具规模的道教教团组织逐渐形成，成为独立于世俗王权之外的宗教势力。其中，较为著名的道教教派有巴蜀地区的天师道（即五斗米道）与中原地区的太平道。张角领导的黄巾起义试图以武力实现“天下太平”，给当时的东汉政府造成了不小的威胁。在维护王权统治的过程中，当权者开始意识到对道教进行控制和管理的必要性。黄巾起义被镇压后，太平道逐渐走向消亡，在史书上销声匿迹。建安二十年（215），曹操率军西征汉中，天师道首领张鲁降魏，张天师一系及数万道民被迫北迁。天师道的北迁，虽造成了“至义国殒颠，流移死者以万数，伤人心志”① 的悲惨景象，却也使得天师道信徒从此遍布全国各地。天师道由此突破了地域上的限制，开始在北方及江南一带广泛地传播开来。张鲁去世后，天师道内部失去了统一领导，原本已经分散的教团组织开始变得更加涣散与混乱。迁移到各地的祭酒和道民们坚守着自己的信仰，就地立署传教，各自为政。至东晋时期，孙恩、卢循、李雄、李特等人利用道教组织农民暴动，发动各种起义，使道教成为当时封建政权的重点打击与镇压的对象。与此同时，道教信仰在各地的传播过程中，逐渐渗入上层社会，不少具有较高知识文化水平的世族成员加入道教。至南北朝时，一些出身门阀世家的道教徒如南梁的陶弘景、北魏的寇谦之、刘宋的陆修静等人针对当时道教管理的混乱以及早期道教在教理教义、斋醮科仪等方面不完备的情况，对道教进行了大力的改造与整顿，并扩充了道教的教理教义与科仪等方面的内容。其中，北魏寇谦之通过符箓授命的形式，为北魏武帝制造“君权神授”的假象，北魏武帝最终皈依道教，此事成了道教与封建王权交流的重大事件，此后，道教在社会政治中的地位得到了显著地提高。南北朝时期的道教改革也使道教逐渐成为符合当权者

---

① ［北魏］寇谦之：《老君音诵戒经》，《道藏》，文物出版社、上海书店、天津古籍出版社，1988 年，第 18 册，第 236 页。

们的政治需求的、能被官方承认和利用的官方宗教。至隋代，当时的统治者隋文帝、隋炀帝虽然主要崇信佛教，但对道教也采取了利用与扶植的态度，促进了道教的发展。

唐代是道教发展的鼎盛时期。李唐王朝的统治者有少数民族拓跋氏的血统，为了维护其统治的合法性与正统性，当权者尊道教的老子为先祖，借此抬高自身的门第。反之，道教用“神仙之后”为李唐统治者制造“君权神授”的舆论，赋予皇权与帝王以神圣性。因而，在唐代，道教与李唐统治者形成了“宗法性政治与文化同盟”。在唐王朝将近300余年的历史中，除武则天时期因特殊原因对道教进行了短暂抑制外，道教几乎始终受到统治者的扶植与尊崇。不过，唐朝政府也并非是一味地对道教予以尊崇，仍是在一定限度内进行扶持，只是与其他朝代相比，抑制的程度相对较轻。唐初，唐高祖、唐太宗的道教政策是“崇道抑佛”，先后颁布了《先老后释诏》《沙汰佛道诏》《令道士在僧前诏》，奠定了此后唐朝帝王们的崇道基调。至于唐高宗和武则天的道教政策，前者遵循贞观遗规，继续奉行崇道抑佛的既定政策，后者则是崇佛抑道。唐朝中期，唐中宗与唐睿宗尊老崇佛，调和佛、道关系，采取了佛、道并重的政策；唐玄宗承袭高祖、太宗的道教政策，崇道抑佛，限制佛教多过道教。安史之乱后，道教建筑物遭到严重破坏，帝王的崇道活动相应减少，转而重视道教的斋醮和祈禳之术，迷信外丹服食。其中，武帝曾毁佛尊道。总而言之，道教神学在唐代成了国家意识形态的重要组成部分，唐代的帝王们也给予了道教无限的荣宠。五代十国时期，由于受到兵祸连连的影响，道教遭受了不小的劫难。这一时期的不少帝王仍旧承袭李唐王朝的崇道之风，其中，后周世宗柴荣最为突出，他曾对高道陈抟加以礼遇，并实施了大规模的灭佛活动，限制了佛教的发展。

宋朝统治者基本继承了唐王朝的对道教崇奉的政策。宋太宗喜读《老子》，曾主张以黄老之学治世，宠信道士张守真，开启宋代帝王崇奉道教的先河。宋真宗时期，由于北宋与辽国订立了澶渊之盟，宋真宗为洗刷耻辱，以展皇威，效仿古人神道设教的做法，大力扶植道教，主要体现在宣扬天神降临、天书四降，崇奉神明赵玄朗为“圣祖”，订立宫观奉祀仪制，迷恋道教的神仙方药、黄白、养生之术等方面。此后，宋仁宗、宋英宗、宋神宗、宋哲宗对宋真宗的崇道之风加以继承和发展。至宋徽宗时，北宋掀起了第二次的崇道高潮。政和初年，林灵素借宋徽宗梦游神霄一事，编造“神霄说”。此后，宋徽宗兴立神霄大教，编造神霄道书，自称“教主道君皇帝”，在全国范围内疯狂推广神霄教，使得神霄宫遍布于北宋领土之上。他与张继先、林灵素、王文卿等道士交好，效仿宋廷的官员品秩，设立道官，置道学、兴道举等。南宋时，宋高宗为巩固皇位，以“孝”为旗号，兴建道教宫观，崇奉崔府君及紫微北极大帝的四个将领天蓬、天猷、翊圣、真武大元帅真君，宠爱皇甫坦、刘能真、赵元达等道士。宋孝宗与宋理宗则积极倡导道教世俗化，推动“三教合一”，崇奉真武大帝。南宋时期，在这两位皇帝的带动下民间信仰得到了显著的发展。

金元时期，中国北方地区兴起了三个新兴道派，即太一道、真大道、全真道。金朝统治者为笼络汉族士人，对各道派均加以扶植，与各道派的首领来往密切，并下令编修了《大金玄都宝藏》。1222 年，全真教道士丘处机率领弟子西行至中亚地区，参见成吉思汗，劝谏其止杀保民，以清心寡欲为长生久视之要。成吉思汗对丘处机十分崇敬，称之为“神仙”，并命其掌管天下道教，免除道门赋役，在政治和经济上对全真道给予了大力支持，全真道因此获得了蒙古汗廷的认可。这一事件也为全真道在元朝的兴盛发展打下了坚实的基础。元太祖、元定宗、元宪宗三位帝王对全真道均加以优待，元朝时的全真道祖师及掌门都曾被赐予真人、真君及元君等封号。江南地区的符箓道派在元代相互融合，最终形成了以龙虎宗为主的统一的道派——正一道。元朝为加强对江南一带的统治，先是在元贞元年（1295），令第三十六代天师张宗演主领江南道教；元大德八年（1304），又授予第三十八代天师张与材“正一教主”称号，由其统领三山符箓。此后，全真道与正一道成为此后道教的两大主要教派。

至明代，中国传统社会进入了高度集中的皇权专制时期。明朝的文教政策是“益人伦，厚风俗”，它以儒家思想为立国之本，重新建构和强化了国家祭祀体系，以此证明王权的合法性与神圣性，同时兼用佛教与道教“阴翊王度”。明太祖朱元璋对道教加以利用，但也不使其嚣张。例如明太祖曾借用道教神话，宣称自己是天命所归的真龙天子，在征战之中，他曾接受过周颠仙、铁冠道人张中的等道士指点。明太祖还亲自为《道德经》做注，吸纳了道教清静无为休养生息的治国思想。洪武元年（1368），明太祖接见道教正一道的首领张正常，取消张正常的天师称号，但仍命其统领天下道教事。不过，明太祖采用道士担任明廷官方祭祀典礼中的专业人员，确实也体现了其对道教的优待。同时，洪武年间，官方也为道教建立了比较完善的管理体系，在礼部下设道录司为管理道教的最高政府机构，颁发道教度牒制度限制道士数量。明成祖朱棣发动“靖难之变”时，曾采用袁珙、金忠等方士的谋略，为夺取政权制造舆论。事实上，明成祖对道教的崇奉较前代更盛。这集中体现为明成祖对武当山道教建筑物的兴修，他为武当山赐名为“太岳太和山”，并在武当山建造大量道教建筑群，以供奉护国有功的真武大帝，武当道教群成为明王权的御用宫观。他还多次派遣人员在各地寻访著名道士张三丰。明成祖将对玄武大帝的礼奉定为定例，此后，明朝历代皇帝皆有派遣使者到武当山诣香上供。明仁宗、明宣宗沿袭了前代的道教统治政策。正统九年（1444），明英宗命道士邵以正组织编纂了《正统道藏》，赐颁于天下道观。明代宗曾任用道士蒋守约为礼部尚书。明宪宗十分喜好道教，崇道尤甚，他任命道士李希安为礼部尚书，李孜省、邓恩常等道士则越过国家行政机关的审核，通过“传升制”而获得高官职位。明孝宗上位之初，听从大臣劝谏，对李孜省、梁芳等人进行惩处。不过，随后几年，明孝宗对道教的兴趣逐渐增强，他喜好方术，广建斋醮，又任命道士崔志端为礼部尚书。明武宗对道教并无特意压制，反而增加了道士度牒的发放数额，使得明朝初年朝廷制定的对道教优崇与抑制并行的政策名存实亡。在明代诸位帝王之中，明世宗对道教的崇信最甚，道士更是在国家政治中心取得了崇高的地位和实质性的行政权力，代表人物是道士邵元节与陶仲文。道教在明代达到了贵盛。明世宗还迷恋道教的斋醮、方术，长年居于西苑斋醮祈禳，服食丹药，不理国事。他喜好青词，借此提拔擅长撰写青词之人，如严嵩、李春芳、高拱等人，这些人也被世人戏称为“青词宰相”。他在全国各地广建道教宫观庙宇，并为父母加封道号。明穆宗即位后，鉴于其父崇道过甚，他对道教势力采取了打击与抑制的政策，不过他本人也爱好服食丹药。至明神宗时，明廷的崇道政策再次得到恢复，正一真人受到了官方的册封，张国祥被委任编《万历续道藏》。明朝后期明神宗、明光宗、明熹宗、明思宗基本延续了利用与扶植的道教政策。

第二节　顺治、康熙、雍正三帝对道教的利用与礼遇

1616 年，东北地区的女真族首领努尔哈赤在赫图阿拉（今辽宁新宾西老城）称“汗”，建立后金政权，年号天命，脱离了明朝的统治。1626 年，皇太极即位。1636 年，皇太极在盛京（今沈阳）改国号为“大清”，改族名为“满洲”。1644 年，李自成率领农民起义军占领北京城，明思宗朱由检自缢于景山之上，明朝灭亡。李自成攻克北京后，建立大顺政权。与此同时，远在山海关的明朝大将吴三桂以为明帝报仇为名引清军入关，多尔衮率领清军打败大顺军，并占领北京城。随后，多尔衮迎请顺治帝入关，迁都北京。自此，清王朝在华夏大地开始了长达 200 余年的统治。

顺治三年（1646），江西巡抚李翔凤进献正一真人张应京书写的道符四十幅，顺治帝对此表示拒绝，并说：“凡致福之道惟在敬天勤民，安所事此朝廷一用，天下必致效尤。”① 刘迅认为：“可能是担心如果接受了正一派的符箓，就会助长其他道派道士的广泛效法。他的这种猜疑之心可能是基于这样一种认识，即道

① 《清世祖实录》卷 27，《清实录》，北京：中华书局，1985 年，第 3 册，第 229 页。

教正一派的权力基础正好位于刚刚征服的江南地区。”① 不过，顺治六年（1649），张应京还是入京觐见了顺治帝，受到赐宴礼遇，同时顺治帝敕封张应京“正一嗣教大真人”，并赐予银印一枚。据《龙虎山志》记载：

> 正一嗣教大真人张应京，国家续天立极，光昭典礼，清静之教，亦所不废。尔祖张道陵，博通五经，覃精玄教，治民疾病，俾不惑神怪。子孙嗣教，代有崇封。兹特命尔袭职，掌理道箓，统率族属，务使异端方术，不得惑乱愚民。今朝纲整肃，百度惟贞，尔其申饬教规，遵行正道。其附山本教族属贤愚不同，悉听纠察，此外不得干预。尔尤宜法祖奉道，谨德修行，身立模范，禁约该管员役，俾之一守法纪，毋致生事，庶不负朝廷优加盛典，尔其钦承之。②

在元、明两朝，正一道的领袖曾被授予管理江南道教，甚至掌管天下道教事的实权。然而，顺治帝除敕封正一真人世袭大真人号，赐予银印，秩视二品的礼遇外，并未给予加封，只授权正一真人管理龙虎山天师府及大上清宫等本山教属与教务，并警告正一真人不得利用道教的斋醮符箓之术影响社会秩序。至顺治十三年（1656），顺治帝又谕礼部：“朕惟治天下，必先正人心，正人心必先黜邪术。儒释道三教并垂，皆使人为善去恶，反邪归

① 〔美〕刘迅：《显真映圣：晚清时期的道教娘娘画、宫廷眷顾、命妇虔信与宫观扩张》，张广保编，宋学立译：《多重视野下的西方全真教研究》，济南：齐鲁书社，2013年，第257页。

② 张仁晟：《重修留侯天师世家张氏宗谱》，光绪十六年编，参见王卡：《清天师道概述》，《正一道研究》第2辑，北京：宗教文化出版社，2013年，第10页。

正，遵王法而免祸患。”[①] 这道谕旨的颁布有一定的社会背景，明朝中后期，受北虏南倭的影响，军费大幅增加，政府的财政负担转嫁至民众的课税上，令大部分农民为逃税成为流民，一部分流民加入了白莲、无为、闻香等民间秘密宗教。这些组织的迅猛发展，明显威胁到了清朝的政治稳定。于是，顺治帝试图通过官方承认的佛教与道教，利用它们的社会教化功能，正确引导民众的信仰，免使百姓加入“邪教”。

1661 年，顺治帝驾崩，康熙帝即位。第五十二代天师张继宗在康熙年间颇受礼遇。如康熙二十六年（1687），张继宗入京觐见，康熙帝赐号“碧城”并御书“大真人府”“大上清宫”匾额。康熙四十二年（1703），诏授张继宗为“光禄大夫”。康熙四十六年（1707），赐京师府第。康熙五十二年（1713），赐帑金以修理龙虎山上清宫等宫殿，派内务府要员孙文成进行巡查。不过，在康熙二十二年（1683），康熙帝对张继宗上疏请恩诏诰命及父母丧葬之事，没有给予逾例的待遇，只给了所袭衔名的诰命，并告诫臣下：“一切僧、道原不可过于优崇，若一时优崇，日后渐加纵肆，或别致妄为。尔等识之。”[②] 这道旨意成为此后清朝帝王们对道教利用加抑制却不予逾例优崇的管理原则。此外，康熙帝对待全真道也有礼遇。康熙四十一年（1702），应四川按察使赵良璧之请，赐予成都二仙庵“丹台碧洞”匾额及《悟真篇》。康熙五十七年（1718），白云观重修完毕后，康熙帝

---

① 《清世祖实录》卷 104，《清实录》，北京：中华书局，1985 年，第 3 册，第 811 页。

② 《清圣祖实录》卷 111，《清实录》，北京：中华书局，1985 年，第 5 册，第 132 页。

曾赐御书“紫虚真气”“大智宝光”“驻景长生”“琅简真庭”四个匾额。

在清代，雍正帝可以说是最为崇信道教的一位皇帝。这主要表现在雍正帝在位期间对道教丹药的迷恋及其与道士交好等方面。关于雍正帝热衷于道教丹药的记录，从现存的《雍正朝宫中档奏折》中可见一斑。雍正元年（1723）八月十七日，兵部侍郎嵇曾筠接到雍正帝的赏赐：

> 御批奏折，并恩赐平安药丸一百丸到中牟工所，臣随恭设香案，望阙叩首，低头讫跪读谕旨。此药原奇妙不可言，药性平稳而可治大症，实不可解，但也要节省着用，发一百丸来，钦此。钦遵，伏念药可通灵，仰神功之奇效，恩能造物，思圣德而难名。臣谨珍藏奉为至宝，不敢滥与尝试。①

嵇曾筠认为平安药丸有通灵之功效，故此丸应该不是普通的药丸，有可能是道教的丹药。后来雍正见其言辞恳切，又再赐百丸药留其备用。据清宫档案记载，雍正帝还屡次赏赐宫中丹药给其他臣下。除赐予臣子外，雍正帝本人也长期服食丹药，并作《烧丹》一诗，原文如下：

铅砂和药物，松柏绕云坛。
炉运阴阳火，功兼内外丹。
光芒冲斗耀，灵异卫龙蟠。

① 台北故宫博物院编辑委员会编辑：《宫中档雍正朝奏折》，台北：台北故宫博物院，1982 年，第 1 册，第 561—562 页。

自觉仙胎熟，天符降紫鸾。①

此外，雍正帝对正一道士娄近垣十分优崇也是众所周知之事。娄近垣（1688—1776），字朗斋，号三臣，又号上清外史，江南松江娄县（今属上海松江）人，清代著名的正一道道士，其祖、父皆为道士。娄近垣弱岁之年，拜师杨纯一，于枫溪仁济坛学道，因慕龙虎之胜，后入龙虎山，师从周大经，习五雷诸法及诸家符秘，是一位博宗众家符箓的正一道法师。雍正五年（1727），娄近垣随第五十五代天师张锡麟入京循例赴阙朝贺，行至扬州琼花观时，张锡麟病笃，弥留之际，嘱咐娄近垣善事天子，娄近垣因此得以接近雍正帝。雍正八年（1730）三月，雍正帝开始时发寒热，夜间难以入寝，圣体欠安，白云观道士贾士芳进宫为其治病，因多言妖妄之事，滥用邪术，触忤雍正，被雍正按大逆罪处斩。由于雍正帝仍感余邪缠身，娄近垣被招进宫内设坛礼斗，辅之以符水治疗，雍正帝最终得以痊愈。这件事让雍正帝对龙虎山正一道的法术深信不疑，娄近垣由此取得了统治者的宠信。据《龙虎山志》记载，雍正九年（1731），雍正帝降谕内阁：

域中有三教，曰儒，曰释，曰道。儒教本乎圣人为生民立命，乃治世之大经大法。而释氏之明心见性，道家之炼气凝神亦于吾儒存心养气之旨不悖，且其教皆主于劝人为善，戒人为恶，亦有补于治化。道家所用经箓符章能祈晴祷雨，治病驱邪，其济人利物之功验人所共知，其来久矣。江西贵

① ［清］清世宗：《雍邸集》卷27，《世宗宪皇帝御制文集》，台北：商务印书馆，1983年，第275页。

溪县龙虎山，汉代张道陵炼丹成道于其地，尝得秘书，通神变化，驱除妖异。其经箓符章、印剑以授子孙。历朝重之，至今世袭真人。其弟子、法官转相师授，往往能阐教演法。如元之张留孙、明之邵元节，皆赐号真人，宣扬其祖师道术也。夫道必待其人而后显，设遇邪魔外道逞其妖妄之术，或且疑其为道之累，而不知于道固无损也，一有阐教演法之人，则正道昌明显著，而邪魔外道顿时消失，此自然之理也。昨岁朕躬偶尔违和，贾士芳逞其邪术，假托祝由以治病。朕觉其邪妄，立时诛之，而余邪缠扰，经旬未能净退。有法官娄近垣者，秉性忠实，居心诚敬，为朕设坛礼斗，其至诚默感，确有灵应。又以符水解退，余邪涣然冰释，朕躬悦豫，举体安和。娄近垣一片忠悃，深属可嘉，因赐以四品龙虎山提点司、钦安殿住持。娄近垣自早岁入山学道，历数十年，焚修习炼，不懈益虔，是以能得其祖师真人之正传。夫娄近垣得真人之道，以大展其效忠阐法之地；真人之道亦得娄近垣，而益显其护国通神之力，非所谓道必待人而显者乎？查龙虎山真人府上清宫，历唐宋元明，代有修建。至我朝康熙二十六年，第五十四代真人张继宗陛见，蒙圣祖仁皇帝亲洒宸翰，赐号“碧城”，并颁大真人府大上清宫匾额，赐以帑金修理宫殿。今历年已久，祠庙渐就零落，着发内库银两，令钦差前往，重加修建。务期弘敞坚固，焕然一新。朕之此举，非崇奉道教以祈福祥也。以娄近垣忠诚，实本于真人之道法，夫人见其家有贤子孙，必推本乎其祖先而称美之，况乎道法相传，阐教护国著有明效，可忘所自乎？今兹崇饰庙貌，表示鸿规，乃情理之至当，而国家酬庸报功之典所不可缺者。且使天下之人，知正教长垂宇宙，其裨益于世道人心，非浅鲜也。特谕。[1]

雍正帝病愈后，封娄近垣为龙虎山四品提点、大内钦安殿住持。雍正帝在这道谕旨中，还表达了他本人对儒释道三教的看法。他从“神道设教”的角度出发，认为释、道两教与儒家的存心养气之要旨是并行不悖的，都有劝人为善、戒人为恶的功用，合理利用它们有利于辅助教化。雍正帝对道教在社会中的道德教化功能是持肯定态度的。同时，因娄近垣颇得圣眷，雍正帝还拨发内库银两，遣钦差前往龙虎山修整上清宫等破旧殿宇，并赐田 3400 余亩，供各殿香灯、醮祝、修补之用。江西巡抚谢旻“龙虎山工程”的奏折记载：“上谕江西贵溪县龙虎山上清宫历年已久，着发内库银两，命钦差前往修建，务期宏敞坚固焕然一新，钦此。又准工部咨钦奉上谕江西龙虎山工程，着通政使留保原任按察使蒲文焯前往督理，钦此。”[2] 同时，还重建了正一真人在京城的旧有府第，《重建大真人府第记》载：

正阳门外旧有大真人府为循例，朝觐斋居之所，其寮舍即值季法官之居停也，年久倾颓，屋宇狭隘，钦命易地于地安门外东西广一十三丈五尺，南北二十四丈零，颁式绘图，壮观轮奂，开虚室以鉴牖，拟丹台以凌虚阶，并建法官寮舍，合计房屋八十一间，始于雍正九年之春，讫工于雍正十

① ［清］娄近垣：《龙虎山志》卷 1，《藏外道书》，成都：巴蜀书社，1992 年，第 19 册，第 427—428 页。

② 台北故宫博物院编辑委员会编辑：《宫中档雍正朝奏折》，台北：台北故宫博物院，1982 年，第 18 册，第 194 页。

二年之冬。①

雍正十年（1732），娄近垣请颁龙虎山上清宫提点印信，提举及各道院属员的札付。雍正帝欣然答应，礼部奉旨依议：

> 龙虎山上清宫法官额设提点、提举两司，前代旧例，历经给与印信、札付，迨明季兵燹之后，印信久失，并停给札。康熙六十一年，正一嗣教真人张锡麟请行颁给提点印信一颗，提举等员部札十道。臣部以提点等官俱系真人自放，久无给与印札之例，咨覆在案。今蒙谕旨以提点、提举二司有统率道众之责，应照京师僧录道录之例颁给印信札付，以专职事，令臣部察例议奏。臣等伏思正一真人道传正教，功济生民，历代以来优崇世袭，其所设提点、提举两司，均有阐教演法办理公务之责，应给与印札以昭职守。查在京僧录道录二司俱由臣部铸给印信，并给与札付。今应比照此例，其提点司谨拟龙虎山上清宫提点司之印字样，铸给印信并札付，其提点司给与札付一道，提举、提点以下尚有赞教等员，亦应照例各给与部札，着提点司造具现任各员履历清册报部给札，后有顶补者，呈明出缺缘由，缴还前札，照例换给，如此则道众有所约束而道教亦藉以赞勷矣。恭候命下之日，臣部移咨真人府并行文知照该督抚可也。②

据《龙虎山志》所言，龙虎山第五十四代、五十五代真人，

① 北京图书馆金石组编：《北京图书馆藏中国历代石刻拓本》，郑州：中州古籍出版社，1989 年，第 69 册，第 64 页。

② ［清］娄近垣：《龙虎山志》卷 1，《藏外道书》，成都：巴蜀书社，1992 年，第 19 册，第 428—429 页。

曾先后两次咨礼部请给札付，但均被驳回。直至雍正年间，娄近垣颇得圣宠，此事才得以实现，不仅如此，还比原来的上清宫官员的定额（18人）还多，共有25张札付。雍正十一年（1733）六月，面谕娄近垣："大光明殿现在修整，与你作子孙常住。上清宫去选些法官来，若上清宫人少，在苏州选几个来，你好好教他们学法术。将来光明殿，你就是第一代开山的人了。钦此。"[①]娄近垣为京城大光明殿住持，下设副住持4名、法官44名，大光明殿所使用的法衣、法器等皆由内务府管辖内的苏州织造所供给。同年八月，娄近垣被封为"妙正真人"。《龙虎山志》记载：

> 将大光明殿设住持娄近垣，副住持四名、道众四十四名，并法衣法器，交苏州织造海保办送；每月香灯贡献及住持焚修钱粮，均照旧例向该处支领等。因奏准在案，臣等随同娄近垣，差原任郎中傅德、笔帖式三格、法官金远宁、王远喆，前往江南、江西，拣选道众四十八名，业已来京。织造海保所办法衣法器，亦俱送到。修理大光明殿工程，于十月初十告竣。臣等同妙正真人娄近垣进院，午时受封，大吉。是日办开光吉祥道场一永日，其接敕印、送进院，齐集道众四百名，照禅师受封之例赐斋。每月香灯供献，并住持道众钱粮，应令该处于进院之日为始，每月按例照数给发。嗣后每年应办道场，俱令大光明殿道众办理。[②]

这些礼遇，正是娄近垣圣宠眷隆的体现，事实上，清代除娄

---

① ［清］娄近垣：《龙虎山志》卷1，《藏外道书》，成都：巴蜀书社，1992年，第19册，第429页。

② ［清］娄近垣：《龙虎山志》卷1，《藏外道书》，成都：巴蜀书社，1992年，第19册，第430页。

近垣以外，再没有哪位道士受到过帝王的如此礼遇。

除龙虎山天师道外，雍正帝对全真道也有所礼遇。他曾御赐“福”字给北京白云观，并敕封本观全真道士罗清山为“恬淡守一真人”。《雍正朝起居注册》载：

> 白云观道士罗清山人品高雅，自康熙五十九年来京苦行修持，从无招摇多事之处，不愧清修。今闻伊故，朕心怜悯，着派内务府官一员，照伊道家之理，从优料理伊身后事。着追赠真人，其应给字样，该部照例查明具奏。①

另据今白云观内现存罗公塔塔身题字，可知是“恬淡守一真人”。雍正帝对全真道南五祖之一的张伯端也十分推崇，特赐帑金，遣官修理紫阳道院、紫阳楼、崇道观三处道教庙宇，并置田产若干，以供香火。雍正十三年（1735）三月，雍正帝御书《紫阳道院碑文》，即：

> 大慈圆通禅仙紫阳真人张平叔，著《悟真篇》发明金丹之要，自序以为是乃修生之术。黄老顺其所欲，渐次导之，至于无为，妙觉达磨六祖最上一乘之旨，则至妙至微，卒难了彻，故编为外集，形诸歌颂，俟根性猛利之士，因言而悟。於戏！若真人者，可谓佛仙一贯者矣。紫阳生于台州，城中有紫阳楼，乃其故居。去郡城六十里有百步溪，传为紫阳化处。又尝焚修于桐柏崇道观。岁久，香火岑寂，特命发帑遣官，载加整葺。夫以真人灵源朗澈，决定无生，三界十方，随心转用，何有于蝉蜕之乡？更何有于尘栖之迹？

① 中国第一历史档案馆编：《雍正朝起居注册》，北京：中华书局，1993 年，第 2 册，第 974—975 页。

> 特以联景仰高踪，表其宅里，俾学道之士，人人知此向上一路，千途同轨，非可强分区别，自生障碍，庶几真人救迷觉世之薪传不泯于后也。自紫阳楼迄百步溪、崇道观三处，各为殿堂门庑若干楹，并置田若干亩以资香火，有余，则以赡其后裔。雍正十二年二月经理告竣，爰志其缘起而刻诸石。①

从碑文的内容可以看出，雍正帝曾阅读过道教内丹派南宗开山之祖张伯端的《悟真篇》，这也可佐证雍正帝本人对道教方术有一定的了解，并能表达自己对道教修炼学说的看法。

第三节　乾隆帝对道教的冷淡和贬抑

乾隆帝和清初几位帝王相比，对道教的冷淡态度是清晰而直接的。他自当政之始，即开始对道教加以严格的管束与制约。探究原因，大致有以下几点。

首先，这与其父雍正帝在位期间对道教丹药的迷恋及与道士相交好的态度不无关系。雍正十三年（1735）八月，雍正帝逝世，乾隆帝登基，正值百端待举之时，乾隆帝却意外地下了一道谕旨：

> 皇考万几余暇，闻外间有炉火修炼之说，圣心深知其非，聊欲试观其术，以为游戏消闲之具。因将张太虚、王定

① ［清］清世宗：《世宗宪皇帝御制文集》卷17，台北：商务印书馆，1983年，第138页。

> 乾等数人，置于西苑空闲之地。圣心视之，如俳优人等耳，未曾听其一言，未曾用其一药，且深知其为市井无赖之徒，最好造言生事。皇考向朕与和亲王面谕者屡矣。今朕将伊等驱出，各回本籍。令莽鹄立传旨宣谕，伊等平时不安本分，狂妄乖张，惑世欺民，有干法纪，久为皇考之所洞鉴。兹从宽驱逐，乃再造之恩。若伊等因内廷行走数年，捏称在大行皇帝御前一言一字，以及在外招摇煽惑，断无不败露之理，一经访闻，定严行拏究，立即正法，决不宽贷。①

在谕旨中，乾隆帝极力强调雍正帝从未服用丹药，认为雍正帝在宫中西苑竖炉炼丹只是游戏消遣之举，并且，他还声明雍正帝对道士的态度，说雍正帝从未听从过他们的言语，还曾与亲王等说过，这些道士是市井无赖之徒，最好造谣生事。总而言之，就是彻底否认雍正帝与道士曾有过密切关系。乾隆帝下旨将宫中炼丹道士驱逐出宫，并禁止他们谈及雍正帝。从前文可知，雍正帝不可能没有接触过丹药。因而，乾隆帝的极力否认，不免让人猜测雍正帝的死因或许真与其生前热衷修炼服食丹药有关系，颇有“此地无银三百两”的意味。由此可见，即位之初的乾隆帝对道教印象是非常糟糕的，甚至可以说是有些厌恶的。

其次，这与乾隆帝的实用主义思想有关。雍正十三年(1735)，江西巡抚常安上奏本省夏雨不足，在省城及庐山上清宫等地请僧、道设斋祈祷雨水等事，不料遭到乾隆帝的严厉训斥：“今见汝奏折八件，将不关紧要之事，胪列于前，而将奏报

---

① 《清高宗实录》卷1，《清实录》，北京：中华书局，1985年，第9册，第148页。

雨泽秋成之折，置于最后，是汝以雨泽为可缓之事，而竟不以民食为重也。况斋僧、道之举，不过祈祷中一事。”① 此后，乾隆帝又明确表示：“多一僧、道，即少一农民。乃若辈不惟不耕而食，且食必精良；不惟不织，而衣必细美。室庐器用，玩好百物。争取华靡，计上农夫三人，肉袒深耕，尚不足以给僧、道一人，不亦悖乎！”② 在清代，道士有免除赋税和徭役的特权。作为中国封建社会最为基本的生产方式，农业是当时社会的经济基础。乾隆帝历来重视农业生产，他将道士们视为不耕而食、不织而衣的社会群体，认为他们无益于社会生产与稳定。这种看法显然有些片面，忽视了道教在清代社会生活精神、文化等方面的作用。

再者，在宗教信仰上，乾隆帝有满族固有的萨满教信仰，又与藏传佛教关系密切，对生长于中原地区的道教并不感兴趣。满族人历来信奉萨满教，清军入关后，整个皇族及满族内部对萨满教的信仰并没有改变，皇宫内依然保持着每年祭祀神杆的传统。乾隆帝为使萨满教的信仰习俗保留久远，维系满族团结，曾敕令庄亲王允禄等修纂《满洲祭神祭天大典》，收集、整理及考订满族的各种祭祀仪式、祝辞等。乾隆十二年（1747），该书成书时，乾隆帝钦定书名，为之作序，用满文印刷，显示出其对满族本族宗教信仰的重视。在清代，藏传佛教流行于蒙、藏地区，为巩固王朝统治，清代诸帝对藏传佛教均有推崇。至乾隆朝，因乾

① 《清高宗实录》卷1，《清实录》，北京：中华书局，1985年，第9册，第156页。

② 中国第一历史档案馆编：《雍正朝汉文谕旨汇编》，桂林：广西师范大学出版社，1999年，第2册，第352页。

隆帝本人对藏传佛教的推崇，藏传佛教的发展极为兴盛。乾隆九年（1744），乾隆帝钦令将雍正、乾隆两帝的“在潜之居”——雍和宫改为喇嘛庙，以显示对藏传佛教的荣宠，并特派总理事务大臣进行管理，使它成为清政府管理全国藏传佛教事务的中心。乾隆十一年（1746），乾隆帝接受三世章嘉活佛的灌顶，自况为“文殊菩萨在世间的转世圣王”。此外，乾隆帝广建藏传佛教的佛堂、寺庙，如宫内的养心殿和中正殿都设有乾隆帝日常拈香、敬佛、念佛珠的佛堂，宫外有弘仁寺、阐福寺等皇家藏传佛教寺庙等。

此外，乾隆帝本人对僧、道祈雨之事十分排斥。前文提及，江西巡抚常安因奏报僧、道祈雨之事，遭到乾隆帝训斥，认为此事“无关紧要”。在乾隆二年（1737）四月，清世宗配享圜丘礼成后，天降甘霖，乾隆帝认为这是他们君臣的诚心感动上天所致。他再次表明自己对僧、道祈雨的态度，他说：“其僧、道诵经，原属仪文，亦非切务，着照礼部所请停止”①，认为此举本属“仪文”，即礼义仪式，并非要紧事务。至乾隆五年（1740），清廷定雩祭典礼，雩祭是中国古代求雨的祭祀，天子雩于天，称为大雩。针对雩祭里包括的僧、道祈雨这一项，乾隆帝直接指出：“其僧、道建坛诵经，实非古制，应如所奏，停止设坛。仍令僧录司僧官、道录司道官，遇斋戒致祭之日，分派僧、道于显佑宫等五庙，诵经祈祷，礼部分派司官查看。”② 停止了原本雩

① 《清高宗实录》卷41，《清实录》，北京：中华书局，1985年，第9册，第730页。

② 《清高宗实录》卷166，《清实录》，北京：中华书局，1985年，第10册，第109页。

祭中僧、道的建坛诵经，并分派礼部官员查看僧、道在显佑宫等五庙诵经祈祷情况，可见乾隆帝对僧、道祈雨抱有的怀疑态度，这也充分说明，他本人是此种做法的不认可。甚至到乾隆晚年，他对地方官员滥用道士设坛祈雨之事，仍然是十分厌恶的。如乾隆五十年（1785），山东巡抚明兴率领下属设坛祈雨，即：

> 劳山道士亓本善，素能求雨，臣于二月间延至，设坛祈祷，二十余日，间得小雨。三月十七日，臣自泰山祷雨，回省城始得雨五寸，曹州毗连豫省，缺雨尤甚，即令亓本善往该处虔求，旋据报雨二寸。查省城别无祈雨有验之人，闻离省三十里禹登山，有龙潭，取水祷雨多应，遂设坛于省城，令道士诵经取水虔祈。于本月十四日，得雨深透，而各府州属，并未普遍。臣因赶办秋审，未能前往各处，是以仍在省城祈祷。得旨，知道了。又批道士等有翻坛之法，断不可为，祇可令其竭诚求祷而已。譬如汝祈朕恩，朕不许，汝怒而激之可乎。①

不过，到乾隆帝的统治末期，他对祈雨的排斥情绪似乎有所缓和，乾隆五十九年（1794）七月，下谕："日内雨水仍复绵密，则保定、正定、天津等处，大寺庙甚多。即永定河工次亦自有僧、道寺院，梁肯堂、庆成、徵瑞即应各饬令僧、道等，虔心设坛，敬谨祈晴。俾田禾得资晒晾，不致有碍秋成，方为妥善，将此由五百里各谕令知之。"② 事实上，据学者王金香研究："乾

① 《清高宗实录》卷1229，《清实录》，北京：中华书局，1986年，第23册，第480页。

② 《清高宗实录》卷1457，《清实录》，北京：中华书局，1986年，第27册，第429页。

隆年间旱灾仅次于水灾，各省上报共251次，较顺治、康熙、雍正三朝仅少4次。”① 这说明乾隆帝对道士祈雨的态度，基本与灾荒多少及严重程度无关，主要与其本人对道教的排斥态度有关系。在五朝《清会典》及相应的三朝《清会典则（事）例》中，康熙、雍正两朝《大清会典》将北京僧录司作为单独的条目附录在各衙门之后，而之后的三朝《清会典》及相应的《清会典则（事）例》都不再将北京僧录司单列，佛教事务管理方面的规定主要被置于礼部条下。乾隆朝《钦定大清会典·凡例》则提到依照旧时典例，可将衙门次第皆按品级排列，但僧录、道录两司，已详礼典，不用单独开列记载，这从侧面反映了乾隆帝执政期间对佛、道二教的态度，同时也体现了乾隆初年整顿佛、道二教的措施对乾隆朝《钦定大清会典》的编撰所造成的影响。

乾隆御极之始，对龙虎山天师道及娄近垣依然予以礼仪式优待。雍正十三年（1735）九月，授署理真人张昭麟本人光禄大夫，恩封三代；授娄近垣通议大夫，荣及祖、父。至乾隆元年（1736）四月，乾隆帝下旨制定新的道教度牒管理制度，以便于有效控制道教发展。当时除龙虎山天师道以外，其他教派的道士都要遵循新的度牒管理办法，而龙虎山上清宫的相关事宜，仍由真人给予印照。乾隆元年（1736）七月，“奉圣旨妙正真人娄近垣带管道教道录司印务，东岳庙住持，余如故”②。此时，娄近垣身兼大内钦安殿住持、大光明殿住持、东岳庙住持、道录司印务等数职，其地位超过当时正一嗣教真人张昭麟，实际已经拥有

① 王金香：《乾隆年间灾荒述略》，《清史研究》，1996年第4期。

② ［清］娄近垣：《龙虎山志》卷8，《藏外道书》，成都：巴蜀书社，1992年，第19册，第494页。

了统领全国道教的实权。

乾隆七年（1742），署理真人张昭麟卸任，张遇隆袭爵为五十六代天师，入京觐见乾隆帝，遭到负责觐见事宜的大臣梅瑴成的参奏，《清实录》记载：

> 鸿胪寺卿梅瑴成奏，正一真人张遇隆恭祝万寿。据礼部文称，随班行礼，应列左都御史下，侍郎前。臣思真人乃道家之流，祈禳驱邪，时有小验，仍而不革可也，假以礼貌可也。乃竟入朝班，俨然与七卿并列，殊于观瞻有碍，应请敕部定议，不必令入班行。得旨，此奏是。该部议奏，寻议应如所请，嗣后真人承袭谢恩，臣部带领引见，并遵三年来朝之例，准其入觐，照例筵宴，宴毕还山。倘在京适值百官朝贺之期，免其列班行礼。从之。①

原本遵循明朝旧制，正一真人可随班行礼，但鸿胪寺卿梅瑴成认为这样的做法并不合适，正一真人不应列于群臣之中。他的参奏得到了乾隆帝的赞同，朝廷规定此后正一真人承袭谢恩之事，须由相关大臣带领引见，遵循三年来朝一次之例，方准许其觐见皇帝，按照惯例举办筵宴，宴会结束后返回龙虎山。倘若在京时正值百官朝贺之期，免正一真人列班行礼。

至乾隆十二年（1746），梅瑴成再次上疏：

> 前经礼部议覆臣所奏道流滥厕班联一疏，据《江西通志》内称真人张继宗于康熙十九年授光禄大夫，署真人张昭麟，又于乾隆二年题请承袭。彼时臣因封典非鸿胪寺职

① 《清高宗实录》卷174，《清实录》，北京：中华书局，1985年，第10册，第235页。

> 掌，未敢渎陈。今当重修《会典》，何敢缄默。查道教本属异端，而符箓更道教旁门。正一真人秩视二品，原系前朝弊政，仍而不改，已非所宜。况又加至光禄大夫，官阶之极品，封及三代，锡类之旷典。若系特邀异数，必降明旨，何以不存于档册，不见于《会典》。我国朝于世袭之典犹极慎重，其袭替之高卑久暂，皆视其功绩大小，不容丝毫假借。张继宗即果蒙封典，亦必无准其世世承袭之理。且以孔子之圣，后裔乃袭公爵。颜曾思孟，所袭不过博士，儒林已不胜其荣。今张氏所袭远过大贤，几与圣裔无别。可否照提点演法之类，给与品级，出自圣恩。①

在儒家士大夫代表梅彀成看来，道教本属异端，天师道擅长的符箓是道教旁门，对国朝的贡献不足以让其具有世袭资格，其不配获得高品级的官职。他请求乾隆帝给予提点、演法一类的品级。礼部对此议覆的结果是：

> 正一真人，秩视二品，原属明代旧制。近复加至光禄大夫，题请袭封。伏思孔子至圣，后裔承袭公爵，颜曾思孟以下，不过博士。今张氏所袭，竟与圣裔无别，请照提点演法之类，给与品级，停其朝觐筵宴等语。查正一真人，世居江西龙虎山，至宋始有封号，元加封天师，秩视一品。明初改正一嗣教真人，秩视二品。本朝仍明之旧，而会典不载品级，盖以类于巫史方外。原不得与诸臣同列，即康熙雍正间，曾荷褒封，亦用以祈求雨泽，非如前代崇尚其教，而必

① 瞿兑之：《梅彀成传》，《人物风俗制度丛谈》第三辑，太原：山西古籍出版社，1997年，第202—203页。

阶以极品也。至从前给一品封典，亦因无案可稽，但凭旧轴题给，原未可为定制，嗣后应不许援例假借，题请给封。至所奏授为提点演法之类，所见亦是。但道录司左正一，系正六品。正一真人有统率道众之责，若授为提点演法，则亦系正六品。查太医院院使，秩正五品，巫医本相类。请将正一真人，亦授为正五品。其原用银印，即令缴部，嗣后缺出，应令该抚查其子孙应袭者，取具地方官印结，咨部袭补，照道官例注册。至朝觐筵宴，均如该副都御史所奏停止。①

梅瑴成的再次上奏直接导致龙虎山正一真人的地位与待遇遭到了贬抑。正一嗣教真人真人品秩被降为正五品，所用的银印上缴。正一真人承袭之事，由江西巡抚查明其应当世袭之人，领取地方官的保证文书，发公文给礼部，然后让世袭之人承袭替补，按照道官之例注册。此外，正一真人觐见与筵宴之事均遭到禁止。自此，龙虎山天师道的发展转向衰落。同年，因朝廷办理清文篆书，所有印信需要重新铸造，因而涉及佛、道两教的印信。娄近垣本人掌有三枚印信，即大光明殿住持及龙虎山上清宫提点司两铜印，及娄近垣本人一银印。其中的两枚铜印被撤回不再改铸，仅留本人一枚银印。乾隆十四年（1749）的谕旨是：

大光明殿住持及上清宫提点两印，应照部议彻回，其娄近垣、元信、超盛三银印，系雍正年间，并敕谕一同颁发，乃赐给本人，不过图章之类。非外藩喇嘛，传授承用印信可比，无庸改铸，亦无庸彻回。应俟本人身后缴部销毁。着该

① 《清高宗实录》卷304，《清实录》，北京：中华书局，1985年，第12册，第981页。

部详查，现在似此者，尚有几何，奏明遵照办理，该部存记档案。嗣后如有特赐方外人等敕印，俱照此例行。①

乾隆三十一年（1766），张存义袭爵为第五十七代正一嗣教大真人，入京觐见，“以祈雨晋秩正三品，换给爵印，赐‘直灵福地’匾额”②，同时，正一真人来朝时，被允许与随行法官，照旧例驾乘，驿马疾行。关于张存义晋秩的原因，官方正史的记载中并不见祈雨字样，而是：

> 正一真人向系承袭一品，前据左副都御史梅瑴成奏请，量加裁抑，经大学士会同该部议覆降为五品，第念其自宋元以来，承袭已久，世守道教，即遇有过愆，亦应抵其人以罪耳，不应议及其世袭也。然旧例一品，班序未免太优，遽降五品，又未免过于贬损。且其法官娄近垣，现系四品，而伊品秩转卑亦觉未协。今正一真人既来朝进京，着加恩视三品秩，永为例，该部知道。③

在乾隆十二年（1747），正一真人地位急剧下降之时，娄近垣仍为三品通议大夫。此时的娄近垣拥有着比正一真人更高的品秩和职务，此事明显异于常理。于是，官方以此作为借口，晋升正一真人的职位。如果真的不妥，为何官方二十几年没有发现？所以，应为张元旭《补天师世家》所说的祈雨有功的缘故。乾

① 《清高宗实录》卷338，《清实录》，北京：中华书局，1986年，第13册，第667页。

② 张元旭：《补天师世家》，〔日〕小柳司气太撰：《白云观志》，东京：东方文化学院东京研究所，1934年，第352页。

③ 《清高宗实录》卷760，《清实录》，北京：中华书局，1986年，第18册，第365页。

隆三十四年（1769）正月，赐正一真人张存义冠服。另据《清史稿》记载，乾隆三十九年（1774）“龙虎山真人府监纪司张克诚留京，置协理、提点二人”①。这些足以见得乾隆帝中后期，龙虎山天师府的情况稍有好转。

乾隆四十一年（1776），娄近垣病故，乾隆帝赐银百两治丧，墓葬于江西龙虎山。其身后提点职务补缺起了事端，乾隆帝予以处理。龙虎山上清宫额设、提点、法官等事务本属正一真人管辖，雍正时，道士娄近垣颇得圣眷，被授予三品官职，因常驻京师，无法照应上清宫事务，请旨设上清宫署理、协理两提点，并授予六品顶带。乾隆帝认为此事是当时疏忽造成，并非定例。龙虎山上清宫提点司詹资国未呈明正一真人张存义，擅自具文呈请礼部补缺提点，被礼部驳回，也遭到了乾隆帝的训斥，并下谕军机大臣等：

> 昨礼部奏，据道录司陈资炎呈称，龙虎山上清宫署提点司詹资国咨称，提点娄近垣病故，所遗员缺，请将现在署协二提点，改为正副提点，换给札付等。因查上清宫额设提点一人，本无署协之分，嗣因娄近垣在京，难以兼顾，申请拣派署理协理，经礼部给以札付，提点系六品顶带。如果一人照料不周，亦应奏明设立，礼部遽准给札，实属疏忽，请将原办之堂司各官交部查议。至提点等项法官，为正一真人所属。凡遇顶充，自应报明真人，查其贤否，核实报部。乃詹资国即以本人具文请充，并未呈明转请，殊与体制不符，未

① 赵尔巽等撰：《清史稿》卷115《职官志》，北京：中华书局，1976年，第12册，第3330页。

便遽准，请饬交江西巡抚，转饬正一真人查明报部，再行办理等语。所驳甚是，已依议行矣。龙虎山上清宫额设提点法官等项，本系正一真人所属，其管理斋醮香火，亦系本山事务。从前娄近垣简放四品，乃世宗宪皇帝特恩，并非定例。今娄近垣业经病故，提点法官等项，自应仍归正一真人管理，员缺应补，亦应真人拣选，报部顶充。乃詹资国并不呈请，竟自具文报部，恐不无多事擅专情弊。着传谕海成查明詹资国自署提点以来，是否安静守分，其办理此事，曾否告知真人张存义，其上清宫诸务，应作何归并查核之处，逐一妥议，据实覆奏。①

乾隆四十五年（1780），张起隆袭爵为第五十八代正一嗣教大真人。张天师专出箓是明朝旧制，清朝沿袭了此项规定，让龙虎山正一真人拥有垄断授箓特权。但在乾隆末年，发生数次冒名天师传播符箓以敛钱的事件，官方予以高度重视。乾隆五十一年（1786），在福建与广东交接处抓获妄布邪言的犯人吴国，同时搜出刻有“江西天师府晓谕”字样的板片，乾隆帝下谕：

着传谕何裕城，严切根究，板片是否系广信府刊刻，曾否传播，并查南肇道人，实系何人名号，有无伙党，一并查拿审办具奏。至此项不法字迹，刻自闽省，且据该犯供称，系上年九月刊刻印卖，闽省流传必多，并着传谕雅德、徐嗣曾督饬该道府等，严切查拏审办，据实覆奏。又思所称南肇道人，或系肇庆府之人，隐名为之，富勒浑亦应留心物色，

① 《清高宗实录》卷1017，《清实录》，北京：中华书局，1986年，第21册，第645页。

将此由五百里各传谕知之。[1]

然而，江西巡抚何裕城办理此事时，不知分寸，将原本与此事无关的龙虎山的符箓底本一并起出，造成张起隆的恐慌，乾隆帝于是下谕安抚张起隆，《清实录》载谕旨：

据何裕城查奏南肇道人示劝符箓一案称，饬委建昌府知府徐镇等，驰往龙虎山查办，该山并无广东查出符箓式样，亦不知南肇道人，并将检出符箓底本，一并呈览等语。此案系广东饶平县盘获，因其示劝符箓上，有江西广信府天师晓谕字样，是以谕令何裕城查究此项板片是否系广信府刊刻，曾否传播。乃何裕城即派员驰赴龙虎山查办，并将该山符箓钞本，一并起出，所办太过。现在张起隆谅尚未启程。着传谕阿桂将伊传到，谕以此案系何裕城不知事体轻重，冒昧查办，与张起隆并无干涉，不必心存畏惧，令其安心回山，并起出符箓原本，一并交还。将此传谕阿桂，并谕何裕城知之。[2]

次年，作为安抚，乾隆帝诰授张起隆通议大夫，可来京觐见皇帝，定例五年一次。

不过，乾隆帝对白云观的发展和祭拜丘祖活动却给予了大力的支持和资助，曾几次驾临白云观，留有《白云观》《白云观诗》等诗篇，并多次修葺白云观，赐御笔诗碑及碑记。乾隆年

---

① 《清高宗实录》卷1247，《清实录》，北京：中华书局，1986年，第24册，第753页。

② 《清高宗实录》卷1249，《清实录》，北京：中华书局，1986年，第24册，第787页。

间，英廉等奉敕编的《钦定日下旧闻考》载：

> 白云观，本朝乾隆二十一年奉敕重修。殿内恭悬圣祖御书，额曰“驻景长生”。七真殿恭悬圣祖御书，额曰“琅简真庭”。皇上御书，额曰“葆素含元”。玉皇阁恭悬圣祖御书，额曰“紫虚真气”。皇上御书，额曰“得一以清”。观东偏有斗姥阁，恭悬圣祖御书，额曰“大智宝光”。丘真人殿木钵一，乃刳木瘿为之，上广下狭，可容五斗，内涂以金，恭刻皇上御制诗其中，石座承之，绕以朱栏殿柱，恭悬皇上御书联，云“万古长生不用餐霞求秘诀；一言止杀始知济世有奇功”。①

至于乾隆为何如此重视白云观的原因，主要有两个方面，白云观中供奉的诸多神灵中，最为核心和最具影响力的当属丘处机，即丘祖。丘祖号长春真人，而雍正帝曾在乾隆帝年幼时为他的书斋赐名“长春”，此后，乾隆帝一直以“长春”两字为自己的书斋命名，并自称“长春居士”。乾隆帝在《重修白云观碑记》中，也曾说：

> 予向蒙皇考赐斋额曰长春，后凡所居书室，例曰长春书屋。所以仰体天道由己及物，未尝一日弗蘉，今年古稀有八矣，精勤冲豫，举薄海内外，安乐乂康，而惟日孜孜，未敢以为长也。处机方外人，以修真炼性为长春耳。若所言敬天

---

① ［清］英廉：《钦定日下旧闻考》卷94，北京：北京古籍出版社，1988年，第238页。

爱民、清心寡欲者，帝王之长春实在乎是。予故以为有合也。①

这两者竟然不谋而合，故乾隆对“长春”二字的好感延伸到供奉长春真人的白云观应当也是合理的推论。

第四节 清中后期诸帝对道教的“搁置”

所谓“搁置”，有置之不理，任其自生自灭的意思。清朝自乾隆帝之后，共有嘉庆、道光、咸丰、同治、光绪、宣统6位皇帝执政，他们在位期间的道教政策，可以用“搁置”一词概而言之，这与乾隆帝在位期间对道教的抑制性管理政策有关系。事实上，乾隆帝统治后期，几近放弃对道教进行专门管理，这种道教政策的导向直接影响到了清朝中后期的诸位皇帝。同时，在鸦片战争之后中国面临内忧外患的社会大背景下，当时的清政府已经无暇对道教进行管控。

嘉庆帝早年对天师道仍有礼遇，嘉庆五年（1800），张钰袭爵为第五十九代正一嗣教大真人。次年，嘉庆帝诰授其通议大夫。嘉庆九年（1804），奏准给其正一真人三品印信。此后，屡有赏赐。不过，在嘉庆二十年（1815），因正一真人下属法官邹尚勤私自在江南苏杭考选道童填补京城光明殿道众缺额，被地方官参奏。同年十月，嘉庆帝下谕内阁：

① 北京图书馆金石组编：《北京图书馆藏中国历代石刻拓本汇编》，郑州：中州古籍出版社，1997年，第75册，第93页。

光明殿道众除祈祷晴雨外，别项差使甚少。着总管内务府大臣，查明光明殿额设道众，共有若干员，嗣后如有缺额，由内务府照例行文，责令正一真人，在该山道众内，遴选来历清白，明习经忏者，保送充补，并出具切实甘结，报明内务府存案。其私令法官在外考选道童之处，着永远禁止。正一真人张钰，着交部议处。①

因为这件事，正一真人张钰被交予礼部处置，并被降谕："正一真人系属方外，原不得与朝臣同列，嗣后照旧例，一应朝觐筵宴，概行停止。"② 自此，再无龙虎山的正一真人入京觐见的记载。

不过，嘉庆九年（1804），大臣奏报吕祖有保佑河堤巩固之功，清朝政府敕封吕洞宾为"燮元赞运纯阳演政警化孚佑帝君"，并将其纳入祀典。因王重阳创立全真道后，吕洞宾被奉为"北五祖"之一，故道教又尊称他为"吕祖"。因此，吕祖加入祀典，对全真道来说自然是一件好事。

道光元年（1821），张钰恳请来京，遭到道光帝的拒绝，并下谕旨：

龙虎山上清宫，设提点一员，正六品；提举一员，从六品；副理两员、赞教四员，均七品；知事十八员。未入流。缺出，由正一真人于本山道众内拣选充补。如提点缺出，由提举以下各员，挨次升补。均由真人出具考语，报部补放给

① 《清仁宗实录》卷311，《清实录》，北京：中华书局，1986年，第32册，第136页。

② ［清］昆冈等奉敕撰：［光绪朝］《钦定大清会典事例》，卷501《方伎》，北京：北京书局，1991年，第6册，第806页。

> 札。并于每年年终，造具各法官及道众年貌籍贯清册，报明该省督抚，咨部查核。如正一真人有私钤照发给法官，及用空白札付向各省考选道士，并容士民投充挂名等事，该法官及投充之人从重治罪，仍将正一真人职名咨送部议处。①

这道谕旨是清王朝对龙虎山天师道制定的最后一条管理规定，明确了龙虎山上清宫正一真人的属员构成，共有提点、提举、副理、赞教、知事等26名法官。其选补由正一真人在龙虎山正一道的道士中拣选补充，与道录司选补道官的程序相似，也是层层递补的方式。候补法官由正一真人考核，报明江西巡抚，咨送礼部查核。同时，需要造送本山的法官及道众的年貌清册，并禁止正一真人用空白札付向各省考选道士，如有违反，从重治罪。此后，官方文献中，再无龙虎山天师道的记载。

清朝末年，北京白云观方丈高仁峒与太监刘诚印、李莲英等人交好，在他们的推荐下，慈禧太后对高仁峒也多有眷顾，曾赐金冠紫袍、御前焚修等荣誉。据孔祥吉、村田雄二郎在《京师白云观与晚清外交》中的研究：

> 白云观是中国道教之总本山，其方丈高仁峒，曾于团匪事变两宫蒙难之际，经李莲英斡旋，在太后身边伺候念经。太后由此皈依该方丈，年年赐该寺两百两之布施，又常有其他物品赏赐，可见白云观与宫中之关系尤为密切。②

---

① ［清］昆冈等奉敕撰：［光绪朝］《钦定大清会典事例》，卷501《方伎》，北京：中华书局，1991年，第6册，第807页。

② 孔祥吉、［日］村田雄二郎：《京师白云观与晚清外交》，《社会科学研究》，2009年第2期。

清末白云观方丈高仁峒曾在义和团运动期间，经由李莲英介绍，为慈禧太后念经。此后慈禧太后对其多有崇信，每年赐银两百两作为布施，并有其他物件赏赐。光绪二十六年（1900），八国联军攻占北京，慈禧太后携光绪帝仓皇西逃，到西安后，到八仙庵进香，赐住持李宗阳玉冠与紫袍，并御书“玉清至道”。返京后，慈禧太后下令将八仙庵升为万寿八仙宫，并赐帑金修建山门及建坊。光绪三十二年（1906），清廷为表彰全真道士捐款兴学之举，赐南阳玄妙观道士姚祥瑞“全真广学”匾额及广州三元宫道士梁佩经“葆光劝学”匾额。

清朝统治者入主中原后，起初为巩固其在全国的统治，有意识地消除满汉民族隔阂，对儒、释、道三家均采取利用为主的态度。顺治帝在位期间曾谕礼部：“朕惟治天下，必先正人心，正人心必先黜邪术。儒释道三教并垂，皆使人为善去恶，反邪归正，遵王法而免祸患。”① 这里的“反邪归正”在后来逐渐形成了历代清代帝王所遵循的“黜异端以崇正学”的文教政策。同时，为了证明清王朝继承了华夏文化的“道统”，维护政权的合法性和神圣性，清朝帝王在儒、释、道三者之中，选择儒家加以推崇。与此相对，佛、道二者在清代帝王那里只有劝善戒恶的“补于治化”的作用。加之，清朝统治者本身有萨满教与藏传佛教的宗教信仰，对道教信仰并不十分感兴趣。总体来看，清代诸帝除对个别高道或道教首领予以礼遇外，基本遵循康熙帝所定的“一切僧、道原不可过于优崇，若一时优崇，日后渐加纵肆，或别致妄为。尔等识之”② 的准则，对历朝信奉与祭祀的文昌、吕

① 《清世祖实录》卷104，北京：中华书局，1985年，第3册，第811页。
② 《清圣祖实录》卷111，北京：中华书局，1985年，第5册，第132页。

祖、关帝等道教神灵按照传统礼制加以祠祀，对一些重要的道教宫观，如龙虎山上清宫、北京白云观等处加以修葺和赏赐，但对道教在清代社会的整体发展采取了抑制为主、安抚利用为辅的统治政策。其中，乾隆朝对道教态度最为排斥，除偶有礼遇外，其对道教的管制最为严苛，对正一道领袖“张天师”的地位和待遇前所未有地贬抑。清中后期，由于国情外忧内乱，清政府对道教的关注相对较少，加之白莲教等秘密宗教社团在各地的扩张，官方为防止这些宗教社团犯上作乱，主要以对各地宫观的闲置房屋的租借情况加以严格管控，然后依据统治者需要对道教偶有礼遇而已。

事实上，除道教以外，清代大部分对宗教的抑制都比较严厉，尤其是乾隆一朝，除对满族固有的萨满教与喇嘛教加以重视外，其他如佛教、基督教、伊斯兰教等宗教的发展都受到了严格管控。例如清王朝的道教政策与佛教政策大部分都有同一性，很难将两者加以区分。由于清代诸帝对道教予以明显的约束，道教在上层社会的发展不甚顺利，但因道教本身的世俗化倾向日渐发展，道教反倒更加广泛地融入了士庶大众的日常生活之中，在中下层社会的生产、生活中的影响颇为显著。

第二章　清代的道教管理机构及道官制度

官方设置的道官及其机构是中国古代道教管理体制中的重要内容之一。官方的道教管理机构是政权与道教关系天平上的指针，它直接体现了世俗王权对道教的施政意图，也体现了道士们对自身的自治管理。在清代，中央政府设置的道教管理机构主要有北京的道录司及地方道教管理机构。

第一节　道教管理机构及道官沿革

由国家政权设置的专门管理道教事务的机构及道官最早可以追溯到北魏时期。北魏天兴年间，道武帝因董谧献《服食仙经》，“置仙人博士，立仙坊，煮炼百药”[①]。至北魏太和十五年

---

① ［北魏］魏收撰：《魏书》，卷 114《释老志》，北京：中华书局，第 8 册，第 3049 页。

(491)，北魏政府设置“崇虚寺”，《魏书·释老志》载：

> 太和十五年秋，诏曰：夫至道无形，虚寂为主。自有汉以后，置立坛祠，先朝以其至顺可归，用立寺宇。昔京城之内，居舍尚希。今者里宅栉比，人神猥凑，非所以祗崇至法，清敬神道。可移于都南桑干之阴，岳山之阳，永置其所。给户五十，以供斋祀之用，仍名为崇虚寺。可召诸州隐士，员满九十人。迁洛移邺，踵如故事。其道坛在南郊，方二步，以正月七日、七月七日、十月十五日，坛主、道士、高人一百六人，以行拜祠之礼。诸道士罕能精至，又无才术可高。武定六年，有司执奏罢之。其有道术，如河东张远游、河间赵静通等，齐文襄王别置馆京师而礼接焉。①

北齐时，太常寺下设“崇虚局”，用以掌管“在京诸州道士簿账等事”②。同时，又设有昭玄寺掌管释道两教事务。可见封建王权对道教的管理已经开始趋于专门化了。北周时，政府又“置司元中士、下士，掌道门之政”③。隋代，鸿胪寺下设有崇玄署管理道教事务，至隋炀帝时，地方“郡县佛寺改为‘道场’，道观改为‘玄坛’，各置监、丞”④。至此，封建王权在对道教事务的管理中，已经分别设置了中央与地方不同的道教管理机构。

唐代，统治者出于对道教的重视与崇信，建立和健全了国家对道教的各项管理制度。首先，完备了道教管理机构及道官设

---

① ［北魏］魏收撰：《魏书》，卷114《释老志》，北京：中华书局，第8册，第3055页。

② ［唐］李林甫：《唐六典》卷18，北京：中华书局，1992年，第505页。

③ ［唐］李林甫：《唐六典》卷18，北京：中华书局，1992年，第505页。

④ ［唐］魏徵：《隋书》，《百官志》，北京：中华书局，1997年，第3册，第802页。

置，如唐初至开元年间，唐承隋制，鸿胪寺下属的崇玄署依然拥有道教事务的管理权，设有道官："令一人，正八品下；丞一人，正九品下。府二人，史三人，典事六人，掌固两人，令掌京都诸观之名数，道士之账籍与其斋醮之事。丞之为贰。"[①] 开元二十五年（737），崇玄署改隶宗正寺，《旧唐书》记载："道士、女冠宜隶宗正寺，僧尼令祠部检校。"[②] 自秦汉以来，宗正寺一直是负责掌管天子亲族事务的机构，道士与女冠被划归入宗正寺的管辖范围内，正是说明了唐王朝将道士视为宗亲，不惜亲自为其抬高地位，令其享受皇族特权。天宝二年（743），唐玄宗又将崇玄署改隶吏部司封。同时，唐朝统治者因斋醮活动频繁，又在"两京元元宫及道院等，宜委崇元馆大学士都检校，务在精修，勿令喧杂，仍不更隶宗正。其道士等名籍，任依例程"[③]。到唐元和年间，唐宪宗规定僧尼与道士同隶属于"左右街功德使"，这一机构的权力由兼任禁军将领的权宦把持，自此至唐末，政府管理道教的机构几乎没有变动。同时，唐朝政府还任命道门人士作为道教管理的各级官员，即道门威仪，其职责是监督和统领道教徒。

宋代，在历朝的道教管理制度的基础上，政府的道教管理制度趋于成熟。官方政府的道教管理机构与道官设置更加完备，共有三层管理级别。第一层是中央道教管理机构——京师道录院，该机构宋初隶属鸿胪寺，宋神宗时，道录院改为道录司，职能不

① ［后晋］刘昫等撰：《旧唐书》，卷46《百官志》，北京：中华书局，1975年，第1881页。

② ［后晋］刘昫等撰：《旧唐书》，卷9《玄宗本纪》，北京：中华书局，1975年，第207页。

③ ［宋］王溥撰：《唐会要》卷50，北京：中华书局，1985年，第867页。

变。政和六年（1116），改隶秘书省，建炎三年（1129），又改隶尚书省祠部分左右街，设道录、副道录、都监、首座等道官，掌管天下宫观神像、科仪制度、道门威仪等道教事务。第二层是地方道教管理机构——地方道正司。道正司是宋代开始设置的道教管理机构，分管内道正司和山门道正司。州、府、军、监、司设管内道正司，内有通判、都道正、都监等道官，管理当地的道教事务。第三层是基层宫观，负责管理宫观内事务，道官有住持、知宫观事、同知宫观事、监宫观事、尚座等。

元朝政府在统一全国之后，元世祖忽必烈为管理全国道教设置了中央衙门——集贤院。据《元史》记载，集贤院在元初与翰林国史院为同一官署，秩从二品，但集贤院并不是专门的道教事务管理机构，而是涉及学校、求贤、祭祀、占卜等管理内容的中央机构。金元时期，道教逐渐形成全真道和正一道两大教派，成吉思汗曾命全真道士丘处机统领天下道教事，而为统一全国又命令张天师管理江南道教事务，所以，元代的道教事务实际是在中央集贤院的统领之下，各地区分片区进行管理的。

洪武元年（1368），明太祖设立的玄教院，以道士经善悦为真人，统领道教事务。洪武十二年（1379），礼部提议："照得释道二教流传已久，历代以来皆设官以领之，天下寺观僧、道数多，未有总属。爰稽宋制，设置僧、道衙门，以掌其事，务在恪守戒律，以明教法。"① 至洪武十五年（1382），京师设道录司，隶属礼部，道录司成为明朝中央政府管理道教的机构，统管天下道教。《明史》载："僧、道录司掌天下僧、道。在外府州县有

① ［明］幻轮：《释鉴稽古略续集》卷2，《续修四库全书》本，第24页。

僧纲、道纪等司，分掌其事，俱选精通经典、戒行端洁者为之。”① 又有道官设置：“道录司左、右正一二人（正六品），左、右演法二人（从六品），左、右至灵二人（正八品），左、右玄义二人（从八品），神乐观提点一人（正六品），知观一人（从八品，嘉靖中革），龙虎山正一真人一人（正二品。洪武元年，张正常入朝，去其天师之号，封为真人，世袭。隆庆间革真人，止称提点。万历初复之），法官、赞教、掌书各二人。阁皂山、三茅山各灵官一人（正八品），太和山提点一人。”② 地方道官则有：“府道纪司，都纪一人，从九品，副都纪一人。州道正司，道正一人。县道会司，道会一人。俱洪武十五年置，设官不给禄。”③ 除此之外，明朝政府还在太常寺之下建立了神乐观，专门执掌祭祀乐舞活动，即：“（洪武）十一年，建神乐观于郊祀坛西，设提点、知观。初，提点从六品，知观从九品。洪武十五年升提点正六品，知观从八品。凡遇朝会，提点列于僧录司左善世之下，道录司左正一之上。”④ 可见神乐观事实上并不隶属于官方的道教管理机构，但因神乐观的乐生与舞生大都由道士充任，所以神乐观与道教有着不可分割的关系。

① ［清］张廷玉等撰：《明史》，卷 74《职官志》，北京：中华书局，1974 年，第 7 册，第 1817 页。

② ［清］张廷玉等撰：《明史》，卷 74《职官志》，北京：中华书局，1974 年，第 7 册，第 1817 页。

③ ［清］张廷玉等撰：《明史》，卷 74《职官志》，北京：中华书局，1974 年，第 7 册，第 1853 页。

④ ［清］张廷玉等撰：《明史》，卷 74《职官志》，北京：中华书局，1974 年，第 7 册，第 1818 页。

第二节　道教管理机构及道官的设置

一　中央道教管理机构及道官的设置

早在入关之前，道教在东北地区已经有很长的传播历史。天聪六年（1632），皇太极在盛京（今辽宁沈阳）设置了道录司，其管辖范围仅限于东北地区。顺治元年（1644），清军入关，清朝迁都北京后，道录司随之迁至北京。盛京作为“留都”，仍然设有盛京户、工、礼、刑、兵五部，作为盛京礼部下属的道录司也被保留下来。因此在清朝历史中，一直存在着两个道录司，一为设在京城的北京道录司，二为设在沈阳的盛京道录司。《清史稿》载：“初，天聪六年，定各庙僧、道以僧录司、道录司综之。”① 当时的道录司在都城隍庙设驻地。《盛京通志·祠祀志》记载：

> 在城内大街鼓楼东路北，旧沈阳城隍庙也。庙有元至正年碑一，明洪武、弘治、万历年间皆重修，有禅记国初建都后，升都城隍庙。康熙元年重修，有司以时致祭。②

清朝政府设在北京的道录司是正六品衙门，清代道录司的官员设置基本沿袭明朝旧制。《明史》载：

① 赵尔巽等撰：《清史稿》，卷115《职官志》，北京：中华书局，1976年，第12册，第3330页。

② ［清］董秉忠等修，孙成等纂：［康熙朝］《盛京通志》，卷20《祠祀志》，北京：全国图书馆缩微文献复制中心，1992年，第3页。

道录司。左、右正一二人，［正六品］；左、右演法二人，［从六品］；左、右至灵二人，［正八品］；左、右玄义二人，［从八品］……僧、道录司掌天下僧、道。在外府州县有僧纲、道纪等司，分掌其事，俱选精通经典、戒行端洁者为之。①

相对而言，在清代，北京道录司的道官则是：

左、右正一二员，左、右演法二员，左、右至灵二员，左、右至义二员，职专道教之事，属礼部。其衙门，旧建于朝天宫，今无存。凡本司道官，俱由礼部选择，不支俸，与僧录司同。②

道录司在明代曾设在朝天宫，至清代改设在东岳庙，东岳庙今在北京市朝阳区朝阳门外大街北侧，曾是元明两代京师正一道的祖庭。

不过，除有正一、演法、至灵、至义等八个主要道官外，清代道录司的道官也有新的变化。《清史稿》记载：

道录司一人［□品］。左、右正一，［正六品］；演法，［从六品］；至灵，［正八品］；至义，［从八品］；俱二人。分设各城僧、道协理各一人。［……道官兼正一等衔，给予部札。协理给予司札。］③

① ［清］张廷玉等撰：《明史》，卷74《职官志》，北京：中华书局，1974年，第7册，第1817页。

② ［清］伊桑阿等纂修：［康熙朝］《大清会典》，卷161《道录司》，《近代中国史料丛刊》三编，新北：台湾文海出版社，1993年，第730册，第7787页。

③ 赵尔巽等撰：《清史稿》，卷115《职官志》，北京：中华书局，1976年，第12册，第3331页。

《中华道教大辞典》中道录司的释文为：“主管称正印、副印，下设左、右正一二人，左、右演法二人，左、右至灵二人，左、右玄义二人。”[①] 这里值得注意的是，首先，在历代有关的道官记载中，从未出现过正、副印这两个职位，这应是清代道录司特有的道官。从官名来看，正印与副印应是北京道录司中真正执掌印信的道官，地位在左、右正一之上，拥有决断权。但在清顺治年间确定的道官品级之中，并未有正、副印。反倒是娄近垣的《龙虎山志》中，有一道乾隆元年（1736）七月的圣旨：“妙正真人娄近垣带管道录司印务、东岳庙，余如故。”[②] 另乾隆六年（1741）纂刻的《东岳庙献花会碑》的文末的题署为：“敕封妙正真人、诰授通议大夫、供奉钦安殿、掌道录司印务、摄东岳庙住持、提点龙虎山大上清宫、领道教事务娄近垣撰。”[③] 清代著名的正一道士娄近垣担任的道录司职务，应当就是道录司的正印，这两条文献刚好可以成为佐证。此外，乾隆四十一年（1776），乾隆帝准奏：“裁道录副印一缺。”[④] 这说明道录司的正、副印两职在乾隆年间已有道士担任，据此推测道录司的正、副印出现的时间点应在清顺治至雍正年间。其次，清代道录司的协理，也是清代特有的道官职位。道光二十四年（1844），道光帝议准：

---

① 胡孚琛主编：《中华道教大辞典》，北京：中国社会科学出版社，1995 年，第 505 页。

② ［清］娄近垣：《重修龙虎山志》，《藏外道书》，成都：巴蜀书社，1992 年，第 19 册，第 494 页。

③ 北京图书馆金石组编：《北京图书馆藏中国历代石刻拓本汇编》，郑州：中州古籍出版社，1989 年，第 69 册，第 87 页。

④ ［清］昆冈等奉敕撰：［光绪朝］《钦定大清会典事例》，卷 501《方伎》，北京：中华书局，1991 年，第 6 册，第 203 页。

> 京城僧官、道官，分设各城［……道官，东城、东南城、西城、西南城、北城、中城，凡六处］，各置协理一员，僧官兼善世等衔，道官兼正一等衔，给予部札，协理给予司札，缺出，依品次补。[①]

这里的道官由道录司正一、演法等道官兼职，礼部给予部札；京城之中的六城，每城分设一个协理，由礼部下属的祠祭清吏司给予司札，辅助道录司道官管理道教事务。相比于前代，清朝政府在原有道官职位中，又添加了正、副印与六城协理等道官，这不仅体现了中央政府对道教事务的干预与重视程度，也是清朝君主专制主义空前加强的历史事实的直接反映。

二　地方道教管理机构及道官的设置

关于地方道教管理机构及道官的设置，据《清史稿》记载："府道纪司都纪、副都纪，州道正司道正，县道会司道会，各一人［俱未入流］。"[②] 其中，唯道纪司的品级有从九品的记载。康熙朝《大清会典》记载："在外道士，府属道纪司、州属道正司、县属道会司管领，皆统于本司。"[③] 本司即为道录司，地方各级道教管理机构皆在道录司的管辖之内，同时，地方道教管理机构被分为道纪司、道正司、道会司三层管理机构。这三层道官

① ［清］昆冈等奉敕撰：［光绪朝］《钦定大清会典事例》，卷501《方伎》，北京：中华书局，1991年，第6册，第804页。

② 赵尔巽等撰：《清史稿》，卷115《职官志》，北京：中华书局，1976年，第12册，第3360页。

③ ［清］伊桑阿等纂修：［康熙朝］《大清会典》，卷161《僧、道》，《近代中国史料丛刊》三编，新北：台湾文海出版社，1993年，第730册，第7788页。

机构的设置与清代地方行政中的直省制基本一致。清代的地方行政制，主要可以分为军府制和直省制，前者主要在边疆及少数民族地区执行，后者的施行则与地方道教管理机构的设置有着密切关联。清代的直省制相当于明代两直隶与十二布政司制度，其管辖的区域内，按照省（直隶）、府（直隶州、直隶厅）、县（州、厅）三级划分，又“在清代，凡辖县的州均隶于布政司，称直隶州”①，这不同于一般隶属于府的县。因此，清代的地方道教管理机构基本是以地方行政体制中的直省制为依托而设置。不过，也有个别不相适应的特殊情况。虽然清代地方道教管理机构的建置主要依托于地方行政体制，但其依然保持着作为宗教机构的特殊性，负责管理各自区域内的道教事务。

第三节　道官的选补

一　北京道录司道官的选补

关于道录司道官的选补，在康熙朝《大清会典》中记载有：“凡本司道官，俱由礼部选择，不支俸，与僧录司同。”② 只说道录司的道官由礼部选补，选补的过程却并未明确说明。顺治四年（1647）题准：“凡僧、道官补授。在京僧、道录司，由礼部考

① 郭松义、李新达、李尚英：《清朝典章制度》，长春：吉林文史出版社，2001年，第195页。

② ［清］伊桑阿等纂修：［康熙朝］《大清会典》，卷161《僧、道》，《近代中国史料丛刊》三编，新北：台湾文海出版社，1993年，第730册，第7787页。

取，移咨吏部补授。”① 顺治十五年（1658）又题准：“道录司等缺，由该司申送礼部，移咨吏部题补。”顺治年间，道录司道官的选补程序大致为候补者经道录司初选后，被申送至礼部，由礼部考核后，择优录取。礼部再以公文形式将录取者的情况告知吏部，由吏部书写题本，上奏皇帝，然后授予候补者道官职位。但康熙十三年（1674）题准：“照礼部咨送补授注册，停其具题。”② 官方停止了吏部题本上奏皇帝这项规定，采用直接由吏部对礼部录取的道官进行补授注册的方法。同年，对道录司道官的选补又有具体规定，即：

> 道录司，正一、演法、至灵、至义，左右各二人，左正一由右正一补，右正一由左演法补，左演法由右演法补，右演法由左至灵补，左至灵由右至灵补，右至灵由左至义补，左至义由右至义补，右至义以候补道官补，如无候补之人，行僧录、道录司，选取在京道官送部，出题考试，取经典谙熟，并为人洁者十名，或取二十名，咨送吏部存案，按名递补，皆不支俸［今例由内务府大臣选补送部给札，详见内务府事例］。③

这里有两处值得注意，首先，道录司各级道官的选补方式采取按级别层层递补的形式。礼部通过考试共择优录取 10 名或 20

① ［清］伊桑阿等纂修：［康熙朝］《大清会典》，卷 71《礼部》，《近代中国史料丛刊》三编，新北：台湾文海出版社，1992 年，第 720 册，第 3621 页。

② ［清］伊桑阿等纂修：［康熙朝］《大清会典》，卷 161《吏部》，《近代中国史料丛刊》三编，新北：台湾文海出版社，1992 年，第 711 册，第 292 页。

③ ［清］托津等奉敕纂：［嘉庆朝］《钦定大清会典事例》，卷 930《礼部》，《近代中国史料丛刊》三编，新北：台湾文海出版社，1991 年，第 667 册，第 7683—7684 页。

名谙熟经典且为人端洁的道士，作为候补道官。其次，[ ]中的内容，原为小字附文，此段文字引自嘉庆朝的《大清会典》，而光绪朝的《大清会典》也有同样记载，但嘉庆朝官方主持修纂的《大清会典》却不曾有之。

此外，在乾隆四十三年（1778）二月十一日的内务府档案中，又出现了一条关于当时道录司道官升补程序的详细记载：

> 乾隆四十三年二月十一日内务府咨，据管理道录司印务汪克诚称，窃照道录司右正一管理西南道城官汪克诚补放道录司正印遗缺，又道录司委署右至义协理北城道官王端佑患病告退遗缺，俱经报明开缺在案。请将现在分管城中道官李明慧调补汪克诚所遗管理西南城之缺，其李慧明所遗分管中城之缺，应将协理西城道官张德福补升。再汪克诚所遗道录司右正一缺应将现任管理西城道官兼左演法杨绍玢应转右正一，管理北城道官兼右演法罗广城应转左演法，管理东南城道官兼左至灵侯德荣应转右演法，管理中城道官兼右至灵刘贤智应转左至灵，管理东城道官兼左至义王源澄应转右至灵，新调补管理西南城道官兼右至义李慧明应转左至义，其张德福所遗道录司委署右至义协理西城升缺，选得昭显庙副住持张慧煜升补。又道录司委署右至义协理北城道官王端佑患病告退之缺，选得东岳庙焚修郭洁璧升补。①

以上也说，乾隆朝开始，内务府取代礼部掌握了道录司道官选补的权力，并且一直持续到清朝末年。内务府是清代独有的机

① 《道录司》，清乾隆四十三年（1778）2月，内务府档案05—13—002—000443—0033，中国第一历史档案馆馆藏。

构，主要职能是管理皇家事务，职官多达三千人，几乎是清朝规模最大的机关。其中，由内务府下属的掌仪司掌控道录司道官的除补之权，具体规定："在京僧录司、道录司，各正副二人，由司呈堂奏补……道录司下左右正一、演法、至灵、至义各二人，均由司呈堂选补，咨礼部给札。"[①] 所谓"正副二人"应当是正、副印，由掌仪司上奏内务大臣选补，其下属的八位道官，则直接由掌仪司呈给内务大臣选补，礼部只负责给予札付。在清代，内务府权力随着王朝发展愈发扩大，而中央级别道官的选补由原本的礼部和吏部负责变为由内务府负责，其实质也是清王朝君主集权空前加强的具体反映之一。

二　地方道教管理机构道官的选补

关于地方道官的选补，顺治四年（1647）规定："各府州县僧、道等官，令各布政司，遴选保举报部，转咨吏部授职。"[②] 清初，地方道官的选补主要掌控在各省布政史手中，他们以保举的方式将候选者情况呈报给礼部，再由礼部发公文，最后由吏部授予候选者道官职位。康熙十三年（1674），议准："在外僧、道等官，由各该抚移咨礼部详查，转咨吏部补授，准其注册，停其具题，仍知会礼部，填给札付，移咨该抚，行令任事［今例

① ［清］托津等奉敕纂：［嘉庆朝］《钦定大清会典事例》，卷930《礼部》，《近代中国史料丛刊》三编，新北：台湾文海出版社，1991年，第667册，第3331页。

② ［清］伊桑阿等纂修：［康熙朝］《大清会典》，卷71《礼部》，《近代中国史料丛刊》三编，新北：台湾文海出版社，1992年，第720册，第3621—3622页。

由部给札补授，年终汇报吏部]。"① [　]中内容是嘉庆朝《大清会典》中才开始出现附文，同样出现在光绪朝的《大清会典》之中。康熙年间，各地巡抚取代各省布政使负责选补地方道官，礼部则负责详细查核候补者，吏部不再写题本上呈皇帝。到嘉庆年间，礼部取代吏部补授道官札付，吏部只负责年终汇总工作，此制度一直持续到清朝末年。但在嘉庆朝《大清会典》中，又有规定："道官，府曰道纪，州曰道正，县曰道会，惟衡山县称道纪，府州县各一人，由地方官拣选具结详报督抚，由督抚咨部给札补授，年终汇报吏部。其钤记由该省布政司给发。"② 各地方官先负责拣选优秀道士，具结详报给各地总督与巡抚，再由各地督抚通知礼部补授札付，并在年终汇报给吏部。衡山县的道纪司就是这种特殊情况。

乾隆年间，因严格的度牒管理制度，地方道官悬缺的问题十分严重。乾隆四年（1739）开始停止颁发道士度牒，转而实行师徒传牒制度，官方只收缴和销毁度牒，导致度牒日渐减少。清微、灵宝本是与全真不同的道派，但至乾隆中期，广西地区拥有度牒并符合候补条件的清微、灵宝道士已经少之又少，几乎无人可用。针对道派内部无人可用的情况，礼部采纳了广西巡抚陈辉祖建议，并规定：

> 广西僧、道官悬缺甚多，而合例选补之戒僧、清微、灵

① [清] 托津等奉敕纂：[嘉庆朝]《钦定大清会典事例》，卷930《礼部》，《近代中国史料丛刊》三编，新北：台湾文海出版社，1991年，第667册，第7684页。

② [清] 托津等奉敕纂：[嘉庆朝]《钦定大清会典事例》，卷930《礼部》，《近代中国史料丛刊》三编，新北：台湾文海出版社，1991年，第667册，第1280—1281页。

宝道士甚少，请嗣后缺出，如选无合例者，即将领有牒照之应付僧、往庙全真道士内慎选，充为僧首、道首，责成稽查，毋庸颁给札付。至偏僻州县，向无领牒各项僧、道者，间有游方僧、道，该地方官督率保甲稽查，毋庸招募设官等语。查方外末秩，颁给部札，以专责成，若仅予以僧首道首之名，体制未符，难资弹压，请仍给以部札，余照所请行，并通行各直省遵办。①

这意味着在广西地区，如果清微、灵宝等道派道士中无人符合候补道官的条件，则全真道士有资格代替他们充任相关道官。不过，地方官仍需要慎重选择后再给予道首职位，使之负责稽查道众。但因没有札付，其实质上并不在清代的道官体系之中。

此后，乾隆帝曾欲恢复度牒制度，用以解决道官悬缺的问题，但最终还是因过于繁杂而终止了度牒制度。地方道官的选补办法遂改为："其选补僧、道官，不论曾否领有牒照，令地方官选实在焚修戒法严明者，取结咨补。"②

第四节 道官的印信及其管理

印信最早出现在商周时期，被加盖于货物的封泥之上，用作封缄货物。经过几千年的演变，印信被加盖在各种纸质公文之

---

① 《清高宗实录》卷874，《清实录》，北京：中华书局，1986年，第18册，第724页。

② ［清］昆冈等奉敕撰：［光绪朝］《钦定大清会典事例》，卷501《方伎》，北京：中华书局，1991年，第6册，第803页。

上，用以证明职权。到清代时，印信制度趋于完备，清政府对印信的印文、印材、印纽都做了明确规定。道官机构作为清朝政府官方体系的组成部分，也曾有印信。但在不同的时期，清政府对道官印信的管理措施却不尽相同。

北京道录司所用印信为铜印，形状为正方形，康熙朝《大清会典》记载："道录司…… [方二寸二分，厚三分五厘]。"① 到乾隆朝，其印的厚度有所增加，但大小不变，即："道录司……铜印，方二寸二分，厚四分五厘。"② 一般印章的字体为篆书，北京道录司的印章字体为"垂露篆"。乾隆十三年（1748）定："京城道录司……铜印……用垂露篆。"③ 垂露篆又称垂露书。清代道录司的铜印除汉文外，还有满文，汉篆在右，清篆在左。清乾隆十三年（1748）开始制作清篆，"自玉筋、芝英以下，文、武官、司印一年改镌。左清篆，右汉篆"④。

地方道教管理机构的印信也是铜印，大小和厚度都远不及北京道录司。康熙朝《大清会典》记载："道纪司…… [方一寸九分，后二分二厘]。"⑤ 在乾隆年间，道纪司的铜印也增加了厚度："道纪司……铜印，方一寸九分，厚四分。"⑥ 铜印的字体同

① [清] 伊桑阿等纂修：[康熙朝]《大清会典》，卷 54《印信》，《近代中国史料丛刊》三编，新北：台湾文海出版社，1992 年，第 717 册，第 2626 页。

② [乾隆朝]《钦定大清会典则例》，卷 63《铸印局》，《景印文渊阁四库全书》，台北：台湾商务印书馆，1986 年，第 622 册，第 129 页。

③ [乾隆朝]《钦定大清会典则例》，卷 63《铸印局》，《景印文渊阁四库全书》，台北：台湾商务印书馆，1986 年，第 622 册，第 137 页。

④ 《清朝通志》卷 12，《万有文库》本，上海：商务印书馆，1935 年，第 6811 页。

⑤ [清] 伊桑阿等纂修：[康熙朝]《大清会典》，卷 54《印信》，《近代中国史料丛刊》三编，新北：台湾文海出版社，1992 年，第 717 册，第 2627 页。

⑥ [乾隆朝]《钦定大清会典则例》，卷 63《铸印局》，《景印文渊阁四库全书》，台北：台湾商务印书馆，1986 年，第 622 册，第 130 页。

样是垂露篆。

在乾隆朝，地方道教管理机构的印信的管理措施出现差别对待的情况。乾隆二十一年（1756），军机大臣议奏："各省所设府僧纲道纪，未给铜印者，报部补铸。其州县僧、道官，已给者应饬缴。从之。"[①] 各省所设府的道纪司，如未给铜印的，可以上报礼部进行补铸，但州县的道正司、道会司的印信则全部被收缴。三年之后，地方道教管理机构的印信管理措施再次发生变化，时任礼部尚书伍龄安上奏称："查会典内有僧、道等官铸给印信之条，此辈多系土著，并无刑钱职掌，及往返文移，藉方外末秩绾一部印，夸耀乡里，不惟体制未协，且恐滋生事端，请概行停止，已给者饬令缴销。得旨，甚是，依议行。"[②]伍龄安认为这些印信对僧、道来说并无实际用处，恐滋生事端，应停止为地方道官铸造和交付印信，已经交付的印信则饬令缴销。这里所说的印信其实是各省各府及直隶州的道纪司铜印，早于三年前，州县级别的道正司与道会司的印信已经被收缴，早无印信可言。乾隆二十四年（1759）奏准："各省各府及直隶州属僧、道官及阴阳官、医官，铸给印记之处，一概停止，已给者饬令缴销。嗣后僧、道、医学等官，如有事故更换之处，仍随时咨部给发札付。"[③] 但收缴道官印信又会导致地方道官管理的不便，于是，在乾隆三十八年（1773），官方又不得不重新颁发地方道教管理

① 《清高宗实录》卷401，《清实录》，北京：中华书局，1986年，第14册，第361页。

② 《清高宗实录》卷591，《清实录》，北京：中华书局，1986年，第16册，第570页。

③ ［清］托津等奉敕纂：［嘉庆朝］《大清会典》，卷390《方伎》，《近代史料丛刊》三编，新北：台湾文海出版社，1991年，第667册，第7712页。

机构的印信，即：

> 前经军机处礼部奏请，将各府州县僧、道、阴阳、医学等官印记撤回，停止铸给，但各职俱有专司之责，凡出结具领等事，亦宜官给信守以昭慎重，嗣后照官刻佐杂钤记之式，长二寸四分，宽一寸三分五厘，由藩司用官铺内梨木，照依各职官镌刻正字给发。①

地方道教管理机构的印信变为钤记，钤记是颁给地位较低的官署及其官员使用的长方形印章，其材质也由原来的铜质变为梨木制。可见道官印信规制出现了明显下降的情况。

到嘉庆六年（1801），官方为规范地方道教管理机构印信的使用，出台了新的规定：

> 各省僧、道等官，有约束僧、道之责，例由该督抚咨部给札，官颁正字钤记，祈雨僧、道所用篆隶戳印，系属私行造刻，易滋煽惑，令该地方官严行饬令禁销毁，违者分别究拟。②

嘉庆帝对地方出现的私自制造篆刻的篆隶戳印严行禁止，强调地方道官的印信应是由各地方总督巡抚咨文礼部，由礼部颁发的钤记、札付。

① ［清］托津等奉敕纂：［嘉庆朝］《大清会典》，卷390《方伎》，《近代史料丛刊》三编，新北：台湾文海出版社有限公司，1991年，第667册，第7715页。

② ［清］托津等奉敕纂：［嘉庆朝］《大清会典》，卷390《方伎》，《近代史料丛刊》三编，新北：台湾文海出版社，1991年，第667册，第7721页。

第五节　道官的职责

在清代，道教各级道官承担职责可分为皇家服务、对道众管束、颁发度牒等三个方面。首先，道官有为皇家服务的职责。参加皇帝葬礼，如："顺治十八年正月初七日，大行皇帝崩……僧、道等官，俱缟素，赴顺天府衙门，朝夕举哀，凡三日止。"① 从顺治帝开始，历代清朝帝王的葬礼均有道官参加。道官又有奉旨召集道众为皇家修建道场，进行祈祷雨雪等宗教活动的职责。康熙朝《大清会典》记载："凡有钦建道场，本司传集道众修建，其钦建元灵宫、仁佑庙、并大光明殿、天元阁、景山关帝庙、白马关帝庙六处，另设道士焚修，凡祈祷雨雪，修建道场。"②

其次，道官须管理清政府禁止的道教相关的宗教活动。顺治三年（1646），清廷严禁京城道士沿街诵经念咒、设置神像募化，若有发现，罪坐住持，及该管道官一并治罪。同时，道官还须负责查禁京城内的宫观祠庙之中可能出现的赛会、演戏等民间娱乐活动，康熙十六年（1667），清政府规定京城内外的宫观祠庙内不许有男女混杂、设教聚会、酬神赛会等情形，道录司及该管道官应不时稽查，"有违禁者执送到部，将本人及寺庙住持一

---

① ［清］托津等奉敕纂：［嘉庆朝］《大清会典》，卷 390《方伎》，《近代史料丛刊》三编，新北：台湾文海出版社，1991 年，第 667 册，第 3466—3467 页。

② ［清］伊桑阿等纂修：［康熙朝］《大清会典》，卷 161《道录司》，新北：台湾文海出版社，1993 年，第 730 册，第 7788—7789 页。

并治罪。该管僧、道官不行稽察，由部处分”①。这样的禁令不止针对京城的道观，康熙二十五年（1686），清廷对地方的迎神、进香、击鼓、鸣锣、聚众、张旗等民间宗教活动也进行严格管理，若发现其中有道士，该管道官将被处以革职处分。《大清会典》载：“地方内有迎神、进香、击鼓、鸣锣、聚众、张旗等项，肆行无忌……若系僧、道，将该管僧、道官革职。”②

再者，道官负责管理道教度牒。顺治帝时，道官负责总结与汇总各宫观的道士的详细情况，京城管辖范围内的直接呈送礼部，外地呈送于地方官后，再颁发度牒。顺治二年（1645）规定：

> 内外僧、道，均给度牒，以防奸伪，其纳银之例停止。凡寺庙庵观若干处，僧、道若干名，各令住持详询籍贯，具结投僧、道官，僧、道官加具总结。在京城内外者，均令呈部；在直省者，赴所在地方官呈送并申抚按解部，颁给度牒。不许冒充混领，事发罪坐经管官。③

如果中间出现冒领或混领度牒的情况，道官也要承担责任。但在乾隆帝即位后，他认为由道官颁发度牒，可能会造成勒索之事，遂剥夺了道官发放度牒的权力。雍正十三年（1736）十二月，乾隆帝下旨：“至于给发度牒一事，若经由僧、道录司之

① ［清］昆冈等奉敕撰：［光绪朝］《钦定大清会典事例》，卷501《方伎》，北京：中华书局，1991年，第6册，第794页。

② ［乾隆朝］《钦定大清会典则例》，卷27《考功清吏司》，《景印文渊阁四库全书》，台北：台湾商务印书馆，1986年，第620册，第539页。

③ ［清］昆冈等奉敕撰：［光绪朝］《钦定大清会典事例》，卷501《方伎》，北京：中华书局，1991年，第6册，第792页。

手，势必又滋苛索之弊。”[①] 乾隆四年（1739），和硕庄亲王允禄上疏乾隆帝：

> 今用传牒之法，则连鸡之势已成，更替影射之弊，可消一半。但物情叵测，诈伪萌生，应如所奏，责成僧、道官及地方官实力稽查，年终汇缴，自无顶替私受之弊。[②]

乾隆帝对此表示认可，免去了道官颁发度牒的职务，但依旧要求道官负责度牒管理中可能出现的各种问题，并在年终汇缴作废的牒照。

此外，道官还须负责稽查所管区域内可能出现的不法情形。雍正七年（1729），清政府开始责令道官严格控制游方道士，其目的是防患于未然，加强对地方社会的控制。至乾隆年间，针对可能出现的不法之徒，官方制定了更为严厉的律法处罚条文，即：

> 僧纲、道纪等司乃专管僧、道之人，如该管内有为匪不法之徒，即应随时稽察举首。如坐视不问，瞻徇隐匿，别经发觉者，将僧纲、道纪等司严提究审。如果明知纵容，犯系逆案者，即照知情故纵逆犯本律，分别已行、未行，按律定拟。若止失于稽察，并无徇纵情弊，亦当咎其平日不能约束，坐以不应重律，杖八十。[③]

---

① 《清高宗实录》卷8，《清实录》，北京：中华书局，1985年，第9册，第315页。

② 《清高宗实录》卷69，《清实录》，北京：中华书局，1985年，第10册，第110页。

③ ［乾隆朝］《钦定大清会典则例》，卷92《方伎》，《景印文渊阁四库全书》，台北：台湾商务印书馆，第622册，1986年，第892页。

第六节　神乐观的整改

洪武十二年（1379），神乐观在南京郊祀坛之西落成。《明太祖实录》记载："上以道家者流务为清净，祭祀皆用以执事，宜有以居之，乃命建神乐观于郊祀坛西。"① 《太常续考》又有："吴元年（1367）七月，命选道童年少俊秀者充雅乐生。洪武初，命选道童为乐舞生。"② 明初，明太祖下令在道童中择选优秀者充当乐舞生。从明初至乾隆七年（1743），神乐观在明清两朝的官方祭祀中一直担当乐、舞之事。明成祖迁都北京后，神乐观随之迁至北京。有明一代是神乐观最为兴盛的时期，神乐观的职员可以升迁至太常寺，甚至礼部。

清初，神乐观的官职沿用明旧制，有提点一名，从六品；知观两名，从八品。顺治时，神乐观共有570名乐舞生，乾隆七年（1742），乐舞生削减至480名。神乐观此前的乐舞生出身道士，且多为正一道道士。《大清会典事例》载：

> 原定太常寺神乐观设乐生一百八十名，文舞生、武舞生各一百五十名，执事乐舞生九十名。其缺由本观提点、知观及协律郎、赞礼郎、司乐、奉祀、祀丞等官家内道童及承充

① 台湾"中研院"历史语言研究所校勘：《明太祖实录》卷122，上海：上海书店，1982年，《明实录》第1册，第1975页。

② 佚名：《太常续考》，卷7《神乐观》，《景印文渊阁四库全书》，台北：台湾商务印书馆，1986年，第599册，第252页。

乐舞生家之道童内挑选充补。①

可见，清代神乐观的乐生选补自神乐观职员的家庭中，或是充当乐舞生的家庭中的道童，实质是世代传承制。

乾隆年间，乾隆帝对神乐观的原有体制进行全面整改。乾隆七年（1742），乾隆帝下谕：

朕因时飨，聆太常寺笙箫管龠之奏，至不能分别宫商，何以交神明而达诚敬？朕命庄亲王、三泰、张照为总领乐部大臣，非止辖和声署也。嗣后一应太常寺乐部事务，俱着管理。又闻向来太常寺乐员，系道士承充，夫二氏异学，不宜用之朝廷。今乃今道士掌官悬、司燎瘗，为郊庙大祀骏奔之选，暇日则向民间祈禳诵经以糊其口，成何体制？太常寺乐员，嗣后毋得仍习道教，有不愿改业者削其籍，听为道士可也。②

在乾隆帝看来，道士出身的太常寺乐生素质低下，不精通乐理，道教属于异学，不宜参加儒教的祭祀活动。然而，神乐观在明清两朝的祭祀中都担任奏乐，其乐员怎么可能不通乐理呢？这显然只是借口而已。同年，清政府成立新的乐部，即：“凡太常寺神乐观所司祭祀之乐，和声署掌仪司所司朝会燕飨之乐，銮仪卫所司卤簿诸乐，均隶丁乐部。钦派礼部并内务府大臣各一人，

① ［乾隆朝］《钦定大清会典则例》，卷152《太常寺》，卷152《景印文渊阁四库全书》，台北：台湾商务印书馆，1986年，第625册，第33页。

② 《清高宗实录》卷170，《清实录》，北京：中华书局，1985年，第11册，第155页。

暨各部院大臣之谙于音律者，总理乐部事务。”① 官方钦派礼部和内务府人员管理祭祀之乐，说明神乐观此时已不再主导王朝祭祀中的礼乐，这实际也是乾隆帝中央集权统治的一种体现。

乾隆八年（1743）四月，神乐观正式改名为神乐所。《清实录》载：

> 太常寺奏天坛神乐观、显佑殿从前俱奉祀玄天上帝，仍旧供奉外，至所供天师、文昌等神，应行彻去，其神乐观庙额，请改为神乐所。得旨，改为神乐所。②

清廷除不许神乐观的乐员信奉道教外，还对神乐观、显佑殿等处侍奉的神祇进行了清理，将道教的张天师、文昌帝君等神撤除出去，并将其改名为神乐所。乾隆八年（1743）十二月，太常寺上奏：

> 神乐观改为神乐所，应请改给印信。又神乐所向设提点、知观共三员，除提点一员毋庸更改外，其知观二员，亦应改为知所，该员等每年例支俸米十二石，并无俸银。今已改为乐员，应照伊等品级赏给俸银俸米。得旨，不必赏给俸银俸米，余依议。③

在太常寺的主导下，清廷对神乐观进行了进一步“去道教化”，观名被更改为神乐所，连同印信及官职名称也都发生了更

① 《清高宗实录》卷170，《清实录》，北京：中华书局，1985年，第11册，第155页。

② 《清高宗实录》卷189，《清实录》，北京：中华书局，1985年，第11册，第438页。

③ 《清高宗实录》卷206，《清实录》，北京：中华书局，1985年，第11册，第656页。

改。清代神乐观整改至此完成。

自清天聪年间，清朝政府开始设立道官制度，它在整个清朝经历了一个发展的过程。首先，清朝的道官制度沿袭明朝旧制，从中央到地方的各级道教管理机构依托于行政体制而建立，道教管理机构的名称及职位基本未变，但也有新的变化，如添加正、副印及协理等新道官，这是清朝统治者对道教管理加强的反映。其次，在道录司管理及地方道官的选补上，中央政府也加强了干预的力度。此外，在道官的职责中，地方道官被剥夺了度牒的发放权，地方道教管理机构的印信曾一度被取消，最后重新颁发的印信也降低了规制。神乐观在明清两朝国家祭祀中都曾担任礼乐事务，但在乾隆帝看来，这种做法不符合儒家礼制，因此剥夺了神乐观的原有特权，对神乐观进行了全面的整改，进行了彻底的去道教化。总而言之，有清一代政府设置的道官制度已经完全成了帝王管理道教事务的工具，出身道士的道官们对道教的自治权被逐步削弱，管理道教事务的权力逐渐从道官转移到各级的行政官员手中，由清朝政府直接来管控道教活动。从清代的道官制度中，不难看出道教在清代整体地位的下降，同时其历史发展也是清朝君主专制主义中央集权空前加强的历史现实的直接体现。

第三章　清代的道教度牒管理

在清代，道教度牒是道士、女冠出家的批准证，持有者可凭借度牒正式出家。道教度牒作为持有者的身份证明，可以证明其合法身份，持有者借此享有免除赋役的特权。统治者则可以通过对道教度牒的管理了解道士、道姑们的基本情况，选补道官，从而达到有效控制和管理道教徒的目的。道教的度牒制度最早出现在唐代。唐朝政府为限制入道人数创建与实施了敕度制度，即由皇帝颁发诏令度人入道，此项制度衍生出度牒制度与道籍制度，此举不仅加强了唐王朝对道教的管理，也有效地保证了道士的素质。至宋代，道教度牒制度规定了满足充当童行条件者，可以通过试经、特恩、进纳等方式获得度牒。明朝政府为统一管理道士人口，制定并实施了道教度牒管理制度。洪武二十四年(1391)，明太祖在清理佛、道二教时，规定各府、州、县只许存留一所大型宫观让道士们集中居住，并规定三年一给度牒，要求："府不得过四十人，州三十人，县二十人。民年非四十以上、女年非五十以上者，不得出家。”① 洪武二十八年（1395），明朝政府责令天下道士赴京考试给牒，不通经典者的度牒将被废黜。此后的几位明朝帝王基本都是遵循着明太祖时期制定的道教度牒管理制度。至正统年间，原先严格的道教度牒管理制度逐渐形同虚设，中央政府颁发了大量的道教度牒，致使全国道士数量急剧增多。明代中期以后，朝廷每年颁发的度牒数量近上万张，远超明初每年颁发的数百张，且朝廷不再遵循三年一给的规定，而是完全出自统治者的意愿。成化以后，由于灾荒频发，为缓解国家财政紧缺的问题，政府开始通过买卖度牒筹集钱物，此举只是饮鸩止渴，大量度牒的颁发减少了劳动人口的数量及财政税收，同时也造成了道士数量过度膨胀。道士数量的增多必然会导致道教宫观数量的增多，加之明朝政府的崇道政策，明初虽有诏令颁布限制道教宫观庙宇的兴造与修建，但在后来也逐渐失去了控制力。

第一节　顺、康、雍三朝的道教度牒管理

清军入关后，在顺治二年（1645），礼部向顺治帝启奏，原来明朝颁发僧、道度牒，须要交付银钱三两二钱，问如今是否还要沿袭明朝旧制，“得旨：俱着宽免”②，顺治帝并要求各宫观住

① ［清］张廷玉等撰：《明史》，卷74《职官志》，北京：中华书局，1974年，第7册，第1818页。

② 《清世祖实录》卷15，《清实录》，北京：中华书局，1985年，第3册，第134页。

持详查本观道士来历，将相关情况上交给道官，并由道官汇总。其中，京城道官直接上报礼部，直省道官交到相关衙门，汇总后送于按抚，再统一交给礼部，由礼部颁给度牒。至顺治六年(1649)，经顺治帝批准，又恢复纳银给牒，即：

> 内、外僧、道，必有度牒，方准住持、焚修。该部刊刻度牒，印发各布政司及顺天府。查境内僧、道，素无过犯者，每名纳银四两，给与度牒一张。各州、县于年终申解该司，汇解户部，仍报礼部查考。其从前给过度牒，一并追缴。①

这里规定持有度牒，道士才能住持、焚修。道教度牒由礼部刊刻，由顺天府及各地布政司发放。给牒者须是恪守清规的道士，每人纳银四两，给一张度牒。年终汇总度牒发放情况，最终交于礼部查考。从前给过的度牒一并追缴。追缴从前免费发放的度牒，取消免费给牒，上涨交纳的银两数额（明时三两二钱），这意味着此时道士们需要花费更多钱才能拿到度牒。

究其原因，与当时清政府的财政状况不无关系。顺治初年，清军入关不久，征战频仍，财政入不敷出，户部曾上疏顺治帝请求纳银给牒，以填补国家的军用经费。这种纳银给牒的方案，起初确实为清政府提供了一定的财政收入，但也出现了明显的弊端。清初的四两银子对于道士们来说并不是一笔小数目，很多道士、道姑因筹集不到足够的银钱，无法领得度牒，被迫流离失所，成为社会的不稳定因素。顺治八年（1651），礼部得顺治帝

① ［清］伊桑阿等纂修：［康熙朝］《大清会典》，卷71《礼部》，《近代中国史料丛刊》三编，新北：台湾文海出版社，1992年，第720册，第3619—3620页。

谕旨，取消了仅颁布两年的纳银给牒的措施，即："以后僧、道，永免纳银。有请给度牒者，该州县确查，呈报司府，申呈礼部，照例给发。着即传谕通知。"①

但是，在顺治朝后期，原本"永免纳银"的道教度牒制度再次出现了反复的情况。顺治十五年（1658），顺治帝借汉文度牒换满文度牒的机会，再次实施纳银给牒的办法，即："直省僧、尼、道士，已经给过汉字度牒者，尽行查缴送部，照数换给满、汉字度牒，并确查先年已纳银者，换给新牒；未纳银者，纳银给牒。"② 这次对银两数目没有做规定，应该还是纳银四两。至顺治十七年（1660），清廷又恢复了免银给牒的规定，不过命令各地巡抚备造清册，详尽登记道士的花名、年貌、籍贯及焚修寺庙后，投送礼部，再由礼部印给度牒。

纵观顺治一朝，因是否纳银给牒，道教度牒制度出现几次反复的状况。这种现象的发生与当时的社会背景不无关系。顺治帝曾在谕中说道："乃疆圉未靖，水旱频仍，吏治惰污，民生憔悴，钱粮侵欠，兵食不充，教化未孚，纪纲不立，保邦致治之道，迄今未得其要领。"③ 清兵入关，并没有平息社会动乱，在前后将近二十年的顺治一朝里，中国境内少有战争停息。加之顺治年间水旱频仍，百姓生活艰难，国家税收入不敷出。面对严峻的财政吃紧状况，为补充军费开支，清政府想到了明朝时曾实行

① 《清世祖实录》卷45，《清实录》，北京：中华书局，1985年，第3册，第433页。

② ［清］伊桑阿等纂修：［康熙朝］《大清会典》，卷71《礼部》，《近代中国史料丛刊》三编，新北：台湾文海出版社，1992年，第720册，第3620页。

③ 《清世祖实录》卷88，《清实录》，北京：中华书局，1985年，第3册，第691页。

的纳银给牒制度。然而，由于民生凋敝，许多道士缴纳不起银两，无法获得度牒，导致大量道教徒流离失所，这些道教徒反倒成为社会的不稳定因素。迫于无奈，统治者不得不取消纳银给牒的规定作为安抚。

相对顺治朝度牒制度的频繁变化，康熙和雍正两朝的度牒制度并未出现反复的状况。不过，在顺治十八年（1662），江南道御史胡秉忠上疏康熙帝："直隶各省、州、县、卫所，编审花户人丁，俱沿袭旧数……请敕有司核实……其有充僧、道无度牒者，悉令为农安插，附入丁册当差。从之。"[①] 在御史胡秉忠的奏请下，无度牒的道士被勒令还俗务农，此举得到了康熙帝的认可。在中国古代社会，成年男子均被要求向国家提供无偿的徭役，但凭借度牒即可享受免除赋税徭役的特权。因此，清代民间道士私度的现象一直存在。康熙十五年（1676），当时的清政府对冒名顶替据有度牒的现象予以严厉打击，规定违者责罚四十大板。随后，因当时僧、道人数不多，加之当时佛教有玉琳、通琇等高僧对僧众的有效管理，同年，康熙帝下旨："停止给发度牒。"[②] 这条规定同样也适用于道教。此后，在康熙朝，除在盛京、台湾等地有小规模地给发度牒以外，全国范围内并未再制定和实施新的度牒制度。

雍正一朝的道教度牒制度基本沿袭原先的管理规定，当时的清政府没有出台新的措施。

---

① 《清圣祖实录》卷1，《清实录》，北京：中华书局，1985年，第4册，第96—97页。

② ［清］伊桑阿等纂修：［康熙朝］《大清会典》，卷71《礼部》，《近代中国史料丛刊》三编，新北：台湾文海出版社，1992年，第720册，第3621页。

第二节 乾隆朝的道教度牒管理

在有清一代的诸位帝王中，乾隆帝最为重视度牒的管理，他曾将度牒制度视为有效管理道教的最重要的手段。康熙、雍正两朝基本没有制定新的度牒管理规范，除小范围外，并未在全国范围内发放度牒。至乾隆朝，佛、道两教的教徒数量与规模均有扩大，统治者认为其对政府的财政收入与王朝统治造成了威胁。因此，乾隆帝即位之后，便降旨清理佛、道两教，采取的措施是恢复度牒管理制度。前文提到乾隆帝本人对道教持有排斥的态度，认为道士在“士、农、工、商”这四民之外，不做耕织之事，却需要四民供养，而其中真正遵守戒律、有修持之实的道士数量又非常之少。此外，又有火居道士一类人不用恪守清规戒律，却享有免除徭役等特权，损耗民财、败坏民俗，且难于稽查，其中更可能藏匿作奸犯科的人，完全无益于民生。雍正十三年(1735)，乾隆帝下旨：

> 着直省督抚，饬各州县，按籍稽查。除名山古刹，收接十方丛林，及虽在城市，而愿受度牒，遵守戒律，闭户清修者不问外，其余房头应付僧、火居道士，皆集众面问，愿还俗者听之，愿守寺院者亦听之，但身领度牒，不得招受生徒，所有赀产，量给还俗及守寺院者为衣食计，其余归公，

留为地方养济穷民之用。①

各州县按籍稽查，主要对象是火居道士，地方官须将其召集起来，当面询问其去留，其中愿还俗者允许还俗，想继续留在宫观者可以领取度牒，但不许再招生徒。这两部分人的资产，除一部分留为生计以外，其余都收归公有，为地方济贫所用。不过，在谕旨下达的过程中，地方官员似乎出现了执行上的偏差，乾隆帝遂向大臣们强调恢复度牒制度的目的并不是勒令僧、道还俗，而是在于："辨其薰莸，判其真伪，使有志焚修者，永守清规，而市井无赖之徒，不得窜入其中，为佛、老之玷。此乃培护二氏法门之深意，望其肃清严整。"②

乾隆元年（1736）四月，经由乾隆帝与总理事务王大臣及九卿的反复讨论，礼部制定出相对完善的度牒管理办法，内容如下：

> 请令顺天府、奉天府、直省督抚转饬该地方官，于文到三月内，将各戒僧、全真道士，年貌籍贯，焚修处所，清查造册，取具印结，申送汇齐到部。发给度牒，转饬地方官，当堂给发。各僧、道收执，遇有事故，追出汇缴。嗣从情愿出家之人，必请给度牒，方准簪剃受戒。如有借名影射，及私行出家者，查出治罪……至清微正一道士，除龙虎山上清宫，由真人给与印照，各直省清微灵宝道士，仍给部照，毋庸给牒外，火居道士，俱令还俗，其年老不能还俗者，亦暂

① 中国第一历史档案馆编：《雍正朝汉文谕旨汇编》，桂林：广西师范大学出版社，1999 年，第 2 册，第 352 页。

② 中国第一历史档案馆编：《雍正朝汉文谕旨汇编》，桂林：广西师范大学出版社，1999 年，第 2 册，第 393—394 页。

> 给部照，永不许招受生徒。①

这里有几点值得注意。首先，朝廷对全真道士与清微、正一道士的度牒，采取了区别管理的办法。全真道士的度牒主要由地方官负责管理，汇总收齐后，最终交各省巡抚处。至于清微、正一道士，除龙虎山上清宫由正一真人颁给印照凭证，对各省的清微、灵宝道士仍给部照凭证，无须再发度牒。其次，对火居道士不再发放度牒，强令其还俗，其中年老不能还俗者，暂时给予部照凭证，但永不许其招徒。最后，私自出家者，一旦查出便会治罪。

乾隆三年（1738），在礼部及允裪等官员的上疏下，朝廷对各省造度牒清册及招徒传牒做了具体规定，即：

> 嗣后令该地方官，于岁底汇开报部，除不许招受生徒者，祇有开除，并无续收外，其应招生徒者，务于册内注明。开除若干人，续收若干人，其续收之数，不得逾开除之数。应如所请，但招受一人，所有应得牒，应于伊师原发牒上，注明年貌籍贯，簪剃年月，取具五人互结存案。伊师身故，辈辈相传，不必另给。除所招之人，身犯重案，将伊师牒内名字除去外，伊师亦不准另招，身故后，竟将牒缴销。如病故者，准另招一人为徒。如收徒后犯罪应追牒者，其人师范既亏，不得复仍师徒旧号。所收生徒，愿还俗者听愿出家者，另自投师，别注度牒。若此数年，则应付、火居，井然可稽，于给牒更为慎重。又原议僧、道身故缴牒，招徒另

① 《清高宗实录》卷16，《清实录》，北京：中华书局，1985年，第9册，第433—434页。

给，事既甚繁，弊必滋冗。今用传牒之法，则连鸡之势已成，更替影射之弊，可消一半。但物情叵测，诈伪萌生，应如所奏，责成僧、道官及地方官实力稽查，年终汇缴，自无顶替私受之弊。至僧、道中之为火居、应付，原不许招受生徒。即全真、戒僧，有衣钵符箓可传，亦必年岁老成，堪为人师者，方可招受，亦应如所请，年逾四十，方准收徒一人，否则照违令律论笞，僧、道民容隐者罪同。地方官不行查明，照失察例罚俸三月。生徒勒令还俗。从之。①

详而言之，有以下五点：(1) 不许招收生徒的道士，册子内只写开除生徒的人数。(2) 应该招收生徒的道士，必须在册内注明开除的生徒人数、招收的生徒人数，且招收人数不得超过开除人数。(3) 如果有道士只招收生徒一人，徒弟的度牒应当在其师父的原发度牒上注明年貌籍贯、簪剃的年月，且须有五人互相具结证明存案。师父去世后，此度牒代代相传，不必另给。如果生徒身犯重案，除了要将他在其师父的度牒内除名外，他的师父也不准再另外招收徒弟。师父去世后，其度牒要上缴销毁。如果生徒病故，师父只准另招一人为徒。(4) 如果师父收徒之后有犯罪行为，因他的师德有亏损，双方不再拥有师徒的旧称呼，师父所收的徒弟，愿意还俗的人，听从其愿望；愿意出家的人，可自己另投他师，在其度牒处注明。(5) 全真道士有“符箓”传承，待道士年岁老成（40 岁以上）、可担当人师之责任后，允许其招收徒弟一人，否则将按照法令律例施以杖笞之刑。

① 《清高宗实录》卷 10，《清实录》，北京：中华书局，1985 年，第 9 册，第 109—110 页。

僧、道民众若有隐瞒之人，其罪刑相同。如果地方官有查明不到之人，依照疏于明察之例罚俸 3 个月，生徒则勒令还俗。随后，在乾隆四年（1739），云南巡抚张允随奏请颁发度牒给年老有疾的火居道士，并在清册中注明，但不许其招徒。但礼部认为不能只在册内注明，度牒内却没有区别之分，因此责令地方官，查明此类度牒，在其上不许招受生徒字样，并钤盖印信，以此杜绝私自招徒的弊端。同时，规定缴销度牒时，按照缴销贡生、监生、官吏执照之例，将销字戳记在度牒表面，并在年终汇总报给礼部。此举区分了普通度牒与特殊度牒，以防止漏缴度牒而出现的冒名顶替和转卖度牒的弊端。乾隆帝认为不再执行原先提议的僧、道去世，其度牒上缴，其徒另给度牒的办法，可以免除诸多麻烦。用新制定的度牒制度，可以消除弊病，将来一旦出现意料之外的事情发生，也便于地方官与道官一同稽查，并且年终汇总收缴度牒也可免去冒名顶替、私相授受的弊端。乾隆帝本人乐观地想象这样严密详尽的度牒制度执行下去，数年之后，道教度牒将会被更加慎重地对待，道士群体可以形成井然有序的状态，道众的数量也会逐渐减少。

乾隆元年至乾隆四年（1736—1740），清政府共颁发度牒、部照 340112 张。乾隆帝认为发放的度牒数量已经足够多了，遂下令停止颁发度牒和部照，转而实行前文提到的师徒传牒的度牒管理办法，希望能够逐渐减少道士数量。不过，依旧规定各地巡抚须于五年审丁之期，另造道士清册上报礼部。事实上，在乾隆元年（1736），乾隆帝就下令各地方官将每年实际发放的度牒数量及因故开除的度牒，详细清晰地造成册子上报给礼部，礼部在每年年底进行汇总。至乾隆四年（1739），造册之事明显出现了规定上的更改。在乾隆七年（1742），乾隆帝又取消了原先的随五年审丁之期造册的规定，恢复了乾隆元年（1736）每年岁末造册的办法。乾隆十二年（1747），乾隆帝对道士清册又有了新的规定，即："造送僧、道四柱清册，应照依编审人丁之例，其清册仍照前式造报，另取各州、县僧、道、尼姑花名年岁清册，将投师传徒之处逐一注明，随案同送。"① 所谓的四柱清册是中国古代重要的会计结算方法，它包括旧管、新收、开除、实在四个部分，公式为旧管 + 新收 – 开除 = 实在。使用四柱清册的办法，主要是为了更加清楚明白地了解道士的实际数量及变化动态。

然而新的道教度牒制度实施并不顺利，到乾隆五年（1740），礼部颁发的度牒已有三十余万张，各省上缴销毁的度牒数量却很少。乾隆帝命令各省督抚将每年僧、道实际减少的数量于年底上报，却依旧没有改变度牒给多缴少的情况，虽然地方官上奏的僧、道数量均有所有减少，但实际僧、道并未减少。乾隆帝此后又数次强调清厘僧、道的本意，并重申这项举措不能扰乱地方的社会秩序。但是，随着时间推移，乾隆帝愈发感受到度牒管理制度实施上的艰难性。乾隆十年（1745），他降谕旨说：

> 朕前降旨，二氏之教由来已久，原难尽行沙汰，但游手之徒借名出家，耗民财而妨民俗，自不可听其任意去来，不为清厘。是以谕令该部颁发度牒，以凭查核。乃数年以来，各省所报册籍，多寡不同，自因本地僧、道多寡不同之故。

① ［清］托津等奉敕纂：［嘉庆朝］《钦定大清会典事例》，卷930《礼部》，《近代中国史料丛刊》三编，新北：台湾文海出版社，1991年，第667册，第7710页。

但止有沙汰之数，而未有续收之数，是有裁而无收也，亦非朕当日办理此事之意。古圣人之严辟异端者，因其有害于政教。今之僧、道不过乡里无依之贫民，窜入空门，以为糊口计，岂古昔异端之可比，而能为政教之害耶！若果去一僧、道，即多一力田之农民，则善政也。但朕复思之，彼游手坐食之人，既为僧、道，习于安闲，若迫令改业，受手胼足胝之劳苦，其势有所不能，不过市井中添无数游惰生事之辈耳，转不若收之寺、观中，尚有羁縻也。是以朕前原有渐次裁减之旨，不可听其引而日盛，若缁黄之属必应尽汰无遗，则朕从前又何难降旨全行禁革不事姑容乎！尔等可将朕意寄信与督抚，令其善于体会，转饬所属，从宽办理。若伊等错会朕意，以为崇高佛、老，则又非矣。①

由于僧、道在中国的社会已经存在了上千年的历史，一时难以革除，且勒令僧、道还俗，可能致使他们成为社会中的闲杂之人，不如仍收容在寺观之中。于是，乾隆帝的口风似乎出现了松动迹象，开始允许地方官“从宽办理”。到乾隆十九年（1754）正月，他总结了多年的经验教训，最终选择了放弃。官方对此的回应是：“乃十余年来，各省奏报，不过具文从事。且若辈即尽令归农，安得余田而与之，转不免无籍为匪耳。据实严查，或滋扰，有名无实，甚无谓，此综理日久所悉，正不必袭复古辟邪之迹也。着停止。”② 自此全国实行十余年的督抚奏报制度走向

① 《清高宗实录》卷 242，《清实录》，北京：中华书局，1985 年，第 12 册，第 123 页。

② 《清高宗实录》卷 455，《清实录》，北京：中华书局，1986 年，第 14 册，第 925 页。

终点。

此后，在官方文书之中，有关度牒管理的内容已经大大减少，但也不是完全没有。如乾隆三十三年（1768），礼部议覆浙江按察使曾曰理奏称：

> 僧、道中现执牒照者寥寥，皆由地方官不实力稽查所致。请令各督抚转饬地方官，申严禁令，毋许私行簪剃，及违例招徒。至在籍僧、道，应照保甲例，逐名造册，每庙给门牌悬挂，同民户查点，应如所请。①

以上说明了乾隆中期的道教度牒管理情况，当时有度牒的道士已经寥寥可数，官方依旧将责任归结于地方官稽查不力，礼部一再责令各省督抚及地方官严加管理道士私自簪发及违规招徒的情况。同时，要求地方官参照保甲制度，对在籍僧、道逐名造册，给宫观祠庙悬挂门派，如同查点民户一般。由此可见，当时清廷因乾隆初年的度牒制度实施效果不佳，便不再对道士们进行特殊管理，而是把他们归入保甲制度的管理之中。

到乾隆三十九年（1774），距僧、道停止给牒已有三十余年，只有少量道士持有官方颁发的度牒，道官选任出现了困难，有大臣提议补发度牒，但遭到山西道御史戈源的反对，他认为当时社会上私自簪剃的僧、道不下数百万，如果进行度牒的查补，必然会造成滋扰，请求停止颁发度牒。乾隆帝对此表示赞同，下谕：

> 昨据御史戈源奏，请停查给僧、道度牒一摺，所奏是，

① 《清高宗实录》卷820，《清实录》，北京：中华书局，1986年，第18册，第1137页。

> 已降旨允行矣。礼部前请将乾隆四年以后，未给度牒僧、道，交地方官通查补给一事，衹以备僧纲道纪等官之选，第度牒不过相沿旧例，散给仍属具文，而稽查实虞烦扰。自以不办为妥，若防僧、道滋事而设，未必有牒照者，悉能恪守清规，而犯法者，皆系私自簪剃。方今法纪森严，有犯必惩，更无庸为此鰓鰓过虑。至遇僧纲道纪需人，所在地方官，原可查明僧、道中之实在焚修，戒法严明者，具结呈报上司，咨部给照充补，何必因此一二人之补缺，而令各省寺观通查滋扰耶。所有礼部奏充补僧、道官，必须给有牒照之例，亦着停止。①

度牒制度就此正式被废除。随着道教度牒制度的废止，“四柱清册”的道籍制度也走向了终点。乾隆四十一年（1776），礼部奏准了广东巡抚德保的咨称，即：

> 各省每年造送僧、道四柱清册，原备补放僧纲、道纪等官有所查考而设。向例僧、道官缺出，必领有牒、照者方准充补，是以四柱册内，惟将领过牒、照僧、道及有招徒传牒者按名造报。今牒、照既遵旨停止，其选充僧、道官，不论曾否领有牒、照，令地方官选实在焚修、戒法严明者取结咨补，是此等四柱册籍实属具文，应请停止造送。至僧纲、道纪等官，有稽察僧、道之责，员缺毋庸悬旷，应令各督抚饬查各属，有悬缺未补者，即行选充。每年岁底造具清册，注明年岁、籍贯及补放日期，报部备查。如有半年以上悬缺不

---

① 《清高宗实录》卷960，《清实录》，北京：中华书局，1986年，第20册，第1017—1018页。

补者，查明揭参。再查僧、道等官，既今地方官出结咨补，如不定以处分，恐启滥行保送之弊，嗣后如僧、道官有犯事者，应请将结送之原官交部察议。①

德保的此举得到了乾隆帝赞同，以四柱清册为主要形式的道籍制度也遭废止。

事实上，乾隆帝实施度牒制度的出发点主要是巩固清朝统治，他在乾隆二年（1737）三月的谕旨中透露出自己的真实想法，他说：

是以发给度牒，令有所稽考。亦如民间之有保甲，不致藏奸。贡监之有执照，不容假冒。果能奉行尽善，则教律整饬，而闾阎亦觉肃清，岂欲繁为法禁，苦累方外之民耶。②

清代的保甲制度被皇帝当作消弭盗贼、巩固统治的重要手段。乾隆帝早年正是想构建一个类似于保甲制度的道教度牒制度，借以有效管理和控制道教的发展。但是道教度牒制度和道籍制度的废除，标志着乾隆帝为削减道士人数而制定和实施的一系列整顿道教的措施的失败。乾隆帝的道教度牒制度，就如同清朝保甲制度最终成为一纸空谈。

---

① ［清］托津等奉敕纂：［嘉庆朝］《钦定大清会典事例》，卷930《礼部》，《近代中国史料丛刊》三编，新北：台湾文海出版社，1991年，第667册，第7718—7719页。

② 中国第一历史档案馆编：《乾隆朝上谕档》，北京：中国档案出版社，1991年，第1册，第162页。

第三节 清代道教度牒制度废除的原因

关于清代道教度牒制度被废除的原因，诸学者历来众说纷纭，莫衷一是。清代学者俞正燮曾在《癸巳存稿》中说："至乾隆初年，度牒之制遂废，盖以丁归地，则不须报牒免役也。"① 这种观点将度牒制度被废除的原因归结于清朝实施的"摊丁入亩"的赋税改革制度。摊丁入亩是将历代相沿的丁银并入田赋征收的一种赋税制度，简单说就是废除了人头税，只收地亩税。因此，有学者认为在这样的赋税制度下，农民不再需要通过出家逃避税役。但度牒本质是僧、道出家的批准证和身份证明，乾隆帝之所以重新制定和实施度牒制度，其本意是清厘佛、道，也就是对僧、道进行有效管理，所以这样的观点似乎有些以偏概全。

那么，清代度牒制度到底为何会被废除呢？事实上，乾隆帝的度牒管理制度从开始实施便不甚顺利。"古今风俗，悉从上之所好"②，清代士大夫对道教的态度，同君王对道教的态度基本保持一致性，以反对崇信道教为主，有出自功利层面的考量，也有儒家传统的熏染。士大夫们对度牒制度大致持有两种态度，一是认为经过官方的这样一番彻底的清厘，以后便不用再发度牒了；二是僧、道应当禁绝，自此之后，无须再发，永不许人为

① ［清］俞正燮撰：《癸巳存稿》，卷13《寺庙度牒》，沈阳：辽宁教育出版社，2003年，第398页。

② ［宋］李焘撰：《续资治通鉴长编》卷68，北京：中华书局，2004年，第592页。

僧、道。乾隆帝本人对这种情况亦有了解，他在乾隆二年(1737)就提道：

> 昨问及安徽巡抚赵国麟，据伊奏称，有此一番澄汰，嗣后便可不必再给度牒等语。朕不知赵国麟之意，将以度牒为多事滋扰，而不必给耶。抑谓释道之教，应行禁绝，而嗣后无庸给发，遂永不许人为僧、道耶。①

此后，乾隆帝屡次重申清整道教与重新制定度牒制度的本意，但各地巡抚和地方官对待此事存在理解上的偏差，时常传达消息有误，甚至因此导致地方道教出现混乱的状况。例如对早期有愿还俗的僧、道，量给资产，其余上交归公的规定。这项规定刚实施不久便出现一系列问题：

> 乃闻外省传述错误，一切僧、道，皆有惶惑不安之意。恐将赀产归公，遂尔弊端百出，有将己身田宅，诡寄他人户下，希图藏匿者；有谋嘱书吏分立花户诡名，以多报少者；有减价速求售卖，变银入橐者。且有局外匪类，从中借名索诈者。②

其次，由于辖区地域广阔，各处宫观又多处于群山丛林之中，地方官难以遍查所有道教宫观，不可避免地会出现疏失之处，加之可能出现的地方官员执行不力及徇私舞弊的情况，清廷颁布的度牒制度最终不可避免地沦为徒具形式、没有任何意义的

---

① 中国第一历史档案馆编：《乾隆朝上谕档》，北京：中国档案出版社，1991年，第1册，第162页。

② 《清高宗实录》卷13，《清实录》，北京：中华书局，1985年，第9册，第384页。

一纸空文。此外，度牒制度本身的内在缺陷也不容忽视。新的度牒制度不仅没能让道士们从中得到多少好处，反而深受其害，打消了道士的积极性。总而言之，乾隆帝原本预想的美好道教管理制度，它的实施情况和最终效果均不理想。

再者，对于道教本身来说，道士凭借度牒可以享受免除赋税的特权，民间私下里出现的私度现象一直没有停止，加之当时的清朝政府监管不到位，因此才出现了乾隆帝一直抱怨的地方官上报的僧、道数量有所减少，但实际僧、道并未减少的现象。乾隆四年（1739）停止颁发度牒后，这种现象愈演愈烈。道士的实际数量与地方官每年上交的道籍清册中的数量并不相符，道籍作为政府掌握道众基本情况依据的作用基本失效，度牒与道籍存在与否已经没有实际意义。而道教的道官制度到清代中期已经成熟，基本可以做到“以道治道”。此时因相关道教管理措施的实施效果不佳，清廷不愿再对道士们做特殊管理，将其归入保甲制度的管理之中。此外，到清代中期，清朝法律制度基本完善，乾隆五年（1740）制定完成的《大清律例》之中，对道士的作奸犯科行为有具体的律例规定。因此，对于当时的清朝统治者乾隆帝来说，即便是废除度牒制度，也不必担心无法控制和管理佛、道两教。

第四章　清代的道教宫观管理

道教活动场所主要有宫、观、庙，还有院、殿、祠、堂、坛、馆、庵、阁、洞、府等，这些亦可合称“宫观”。宫观作为道教的重要构成元素，是道士进行祀神、修行、传道等宗教活动最主要的场所，更是道士的生活居所。在道教宫观内举行宗教活动，可以吸引大众前来参加，使道教信仰在民间得到广泛传播。因而，在道教徒心中，道教宫观不仅是物化实体，也是道教徒们寄托宗教情感、满足信仰需要的神圣场所。

清朝是中国古代社会最后一个朝代，道教发展至此已然成熟。为了稳定王朝统治，清代诸帝强化了对各方面事务的管理力度，对道教宫观的管理亦是其中重要的一环。《大清会典》记载有康熙六年（1667）礼部对道教宫观及道士人数的统计，即：

> 礼部通计直省敕建大寺庙，共六千七十三处，小寺庙，共六千四百九处。私建大寺庙，共八万四百五十八处，小寺

庙共五万八千六百八十二处……道士，二万一千二百八十六名。①

这里记录的寺庙数量是佛、道两教合计的活动场所数量。由此可见，当时官方是将道教的宫观分为敕建与私建两种类型。敕建的宫观一般被纳入官方祭祀系统，每逢帝王诞辰及各种特定日期，要按照官方定例举行法事或斋会等活动，并且能够得到官方的供给以及赏赐。私建宫观则广泛存在于民间，主要依靠宫观的田产及信众的捐助得以生存，与民间信仰及宗教活动关系密切。

第一节　道教宫观修造的管理

对既有的道教宫观，清代的统治者基本采取保护的态度。顺治八年（1651）所定军律中有："勿得擅自毁庙宇。"② 雍正十年（1732），唐山县发生了地方官员毁庙、驱逐道士的事件，雍正帝予以了严肃处理，即：

闻直隶顺德府唐山县知县赵杲将本县庵、观、寺、庙拆毁数十余处，佛像尽皆焚毁，击碎古碑三十余座，砍伐松柏、古木三百余株，僧、道悉逐出境，尼僧勒令还俗。夫寺、庙之设，由来已久。即僧、道之流，亦功令之所不禁。若伊等不守清规、干犯法纪，自有应得之罪。今知县赵杲无

① ［清］伊桑阿等纂修：［康熙朝］《大清会典》，卷71《礼部》，《近代中国史料丛刊》三编，新北：台湾文海出版社，1992年，第720册，第3624页。

② 《清世祖实录》卷56，《清实录》，北京：中华书局，1985年，第3册，第446页。

故将寺、庙全口拆毁，僧、尼悉皆驱逐，口令人骇闻，暴厉乖张，生事滋扰之极。朕治天下，惟恐一夫不获其所。今赵杲任意妄行，乃有意扰乱国政，可恶之极。赵杲着革职，即于本县枷号，将所毁寺、庙口一一赔修完毕，令僧、道等照旧居住。俟赔修完日，该督再行奏闻请旨。钦此。倘若抗违推诿，不竭力赔修，必将伊立正典刑，以为不法劣员之戒。地方有如此庸劣、妄诞、残忍之员，而该上司置若罔闻，应属徇庇。着该部一并严察议奏。①

针对唐山县知县赵杲拆毁宫观庙宇、焚毁神像、击碎古碑、砍伐古木等“暴戾乖张”的行径，雍正帝除将赵杲革职和枷号外，还责令他赔偿和修补受损的宫观庙宇，并追责其上司。事实上，在清代诸帝中，唯有雍正帝对道教态度最为和善。雍正帝本人喜食丹药，从现存的宫中档案可知，雍正帝当政之后，曾屡次赏赐宫中丹药给亲信大臣，并且曾作《烧丹》诗：

铅砂和药物，松柏绕云坛。
炉运阴阳火，功兼内外丹。
光芒冲斗耀，灵异卫龙蟠。
自觉仙胎熟，天符降紫鸾。②

此外，雍正帝还与正一道士娄近垣关系匪浅，娄近垣曾被授予四品龙虎山提点、大内钦安殿住持、大光明殿住持、妙正真人

① 中国第一历史档案馆编：《雍正朝汉文谕旨汇编》，桂林：广西师范大学出版社，1999年，第2册，第118—119页。

② 《世宗宪皇帝御制文集》，卷27《雍邸集》，《景印文渊阁四库全书》，台北：商务印书馆，1983年，第275页。

等职位与荣誉。因此，雍正帝对道教宫观的保护态度应当与其本人对道教的崇信有一定关系。

不过，官方只是保护既有的道教宫观，对各地方道教宫观庙宇的兴建，却是持禁止和限制态度的。清初，政府对道教宫观的创建有明确的禁令。顺治十一年（1654），官方规定："禁止创建寺庙，其修理颓坏寺庙，听从其便，但不得改建扩大。"① 康熙五十年（1711），左都御史赵申乔上疏，称直隶各省寺庙常窝藏来历不明之人，行不法之事，请求不许地方再创建新庙宇。康熙帝对他的提议表示赞同，并下谕：

> 直省创建寺庙多占据百姓田庐，既成之后，愚民又为僧、道日用，纠集银钱，购买田地给与，以致民田渐少，且游民充为僧、道，藏匿逃亡罪犯，行事不法，实扰乱地方，向原行禁止，因日久渐弛，着各督抚暨各地方官，除原有寺庙外，其创建增造，永行禁止。②

然而，从乾隆朝对民间私建宫观庙宇屡下禁令的情况来看，清初对民间私建庙宇的禁令似乎效果似乎不太显著。雍正十三年（1735）九月，乾隆帝下谕旨禁止各地方擅自兴造寺观神祠，只许对破损的旧庙进行修葺，即：

> 着传谕步军统领及顺天府、五城地方官，并外省督抚，出示晓谕，嗣后官民人等，乐善好施，欲建寺庙，及僧、道

---

① ［清］伊桑阿等纂修：［康熙朝］《大清会典》，卷71《礼部》，《近代中国史料丛刊》三编，新北：台湾文海出版社，1993年，第720册，第3624页。

② 《清圣祖实录》卷248，《清实录》，北京：中华书局，1985年，第6册，第463页。

之发心募化者，惟许将旧寺旧庙，增修加葺，或复整十方之古刹，或缮补功德之专祠，庶令琳宫永焕，庙貌常新，教相增辉，百灵式妥。可以伸虔恪之众志，即以广福庇于生民。至若立愿广大，材力丰盈，特欲兴寺观神祠者，必呈明督抚，具题奉旨，方准营建。若不俟题请，擅为兴造者，必加究治。钦此。①

这里将民间热衷兴造新庙的原因归结为民众喜新厌旧的情绪，乾隆帝认为只有限制地方新建庙宇，民众才会重视对旧有庙宇的修缮。他并没有完全禁止修建新庙，而规定民间若有修建的情形，必须上报当地督抚，官方同意，才可营建。乾隆帝曾几次责令各地方官重视此事，不得怠慢。乾隆八年（1743）三月，乾隆帝再次下谕：

又各省启建寺院庙宇甚多，久之榱椽倾颓，不蔽风雨，何如使灵宇宝相，永保其旧，以昭诚敬。朕从前降旨，惟许将旧有者重为修葺，其欲特创寺观神祠者，必呈明督抚具题奉旨，方准营建。乃近见京师近地寺庙，旧者倾圮如故，而新建者仍复有之。畿内如此，他省亦必皆然，可见朕之前旨。各督抚等亦未实力奉行，着一并传谕知之。②

乾隆帝对宫观兴建的流程做了具体化规定，然而，从乾隆帝屡次下谕督促地方官重视此事来看，当时此规定的实施效果也不

① 中国第一历史档案馆编：《雍正朝汉文谕旨汇编》，桂林：广西师范大学出版社，1999年，第2册，第288页。

② 《清高宗实录》卷186，《清实录》，北京：中华书局，1985年，第11册，第400页。

甚理想，没能让乾隆帝本人满意。

对既有道教宫观的修复，乾隆帝表示出重视的态度。不过，他不愿轻信道士，唯恐他们借此敛取民财，或有不作为的情形。他甚至钦点官员前往监管，如乾隆十五年（1750）四月，增派官员监督髻山玉皇阁的重修：

> 所有玉皇阁应行重建等处，着该道士将历年所取众姓香火布施之赀，照旧盖造，但恐伊等或藉端募化，敛取民财，或托辞无力，延挨观望，地方官不能弹压，致乡愚护庇羽流，捐赀助理，转滋扰累。着方观承令其于藩臬大员内，酌派一员，前往妥办速竣，勿生事端。①

乾隆帝对道教宫观修造的严格管制，主要与他对道教的态度有一定关系。乾隆帝曾明确表示僧、道这类人不耕而食、不织而衣，尽由百姓供养，不利于农业生产。在清代，道士有免除赋税和徭役的特权。农业是古代社会中最基本的生产方式，是古代社会的经济基础。乾隆帝历来重视农业生产，他将道士们视为不耕而食、不织而衣的社会群体，认为他们无益于社会生产与稳定。因此，乾隆帝对僧、道的栖身之所（如寺观）的数量进行了严格的限制。加之，新建宫观庙宇的一般都有常住田以供养香火，这些田地有免交租赋的特权，新建的宫观庙宇必然会招引更多普通人出家为道。这对国家来说，只会减少财政收入，显然不利于王朝的统治。

此外，《大清律例》对违规创建道教宫观的行为有具体的规

① 《清高宗实录》卷362，《清实录》，北京：中华书局，1986年，第13册，第986页。

定和处罚办法。顺治初年颁布的有关私创庵的律文是：

> 凡寺、观、庵、院，除现在处所（先年额设）外，不许创建增置，违者杖一百，僧、道还俗，发边远充军；尼僧、女冠入官为奴，地基材料入官。[①]

又有后例“有若不呈明题请，擅行兴造寺观神祠者，止拟杖，不充军，并僧、道永远停止给牒矣”[②]。雍正十三年（1735），规定对擅自营建宫观祠庙者依律处置，即：“民间有愿创建寺观神祠者，呈明该督抚具题奉旨方许营建。若不俟题请，擅行兴造者，依违制律例论。”[③]

第二节　道教宫观经济的管理

宫观的房屋、田产等财物统称为“常住”，它是道教宫观赖以生存和发展的经济基础。在清代，道教宫观的主要经济来源有官方发放的供给与赏赐，宫观自身的经营性收入及公、卿、士、庶的施舍。

被纳入官方祭祀系统的官庙，政府会定期拨给供给与赏赐，许多宫观还拥有大量的官田。如雍正十三年（1735）十一月，和硕庄亲王允禄奏请拨给京师大光明殿银两的奏折记载有：

---

① 马建石、杨育裳主编：《大清律例通考校注》，北京：中国政法大学出版社，1992年，第406页。

② 马建石、杨育裳主编：《大清律例通考校注》，北京：中国政法大学出版社，1992年，第406页。

③ 马建石、杨育裳主编：《大清律例通考校注》，北京：中国政法大学出版社，1992年，第406页。

大光明殿虽（正、副）住持五名，每月各领钱粮二两三钱九分。道士四十四名，每月各领钱粮一两八钱九分，而香供银两等项每年向内库支领银三百九十一两六钱一分八厘四毫。今亦添给银一百八两三钱八分一厘六毫，以足五百两之数；将此寺庙银两，俱交掌仪司，每月按领数支领内库银两分给。至从前拨给官地，俱交各该处照原拨给数目，查明收管；官房交房钱库，亦查明收管。如此个寺庙所用香供俱足矣。①

除此之外，大光明殿还有三十三间官房，三十顷零八亩官地，每年可得租银七百八十五两左右。大光明殿每年的各项收支官银合计为二千四百二十六两有余，其中内库拨给的银两就有一千六百四十一两有余。不过，这与雍正帝对大光明殿的开山祖师正一道士娄近垣的崇信密不可分。雍正十一年（1733）六月，雍正帝面谕娄近垣修整位于京城的大光明殿，并将其赐予娄近垣作“子孙常住”，大光明殿的住持之下设有副住持 4 名、法官 44 名，大光明殿所使用的法衣、法器等皆由内务府管辖内的苏州织造供给。这也说明统治者的好恶对道教宫观的生存条件确实有一定影响。

然而，并非所有宫观庙宇都能分得官方的供给与赏赐。道教宫观基本有自己的常住田，可以通过出租给雇工耕种来获得一定的经济收入。清代道教宫观的田产数量不一，其中名山宫观可能有成千上万亩的田产，就算是荒野小庙也有几亩田产。如茅山崇

① 中国第一历史档案馆译编：《雍正朝满文朱批奏折全译》，合肥：黄山书社，1998 年，第 2444 页。

禧宫东西天宁院有6733余亩的田产，龙虎山仅上清宫就有2223亩田产，这些常住田对于供养本庙道士的日常生活显然是绰绰有余的。不过，学者张研认为："自唐两税法、明一条鞭法，直到清摊丁入亩，赋税征收从人丁地亩双重标准变为只有土地作为赋役征收的标准，更使得欲逃避丁银徭役而大量涌入寺观的人口逐渐减少。总的看来，明清寺观田产少于前代，清代寺观田产少于明代。"① 在清代，政府明确规定道教宫观的常住田有免交租赋的特权。《清朝文献通考》有：

> 凡在京坛壝等处、在官地亩不纳粮，其直省社稷、山川、厉坛、文庙、祠墓、寺、观、祭田亦为公地，免其征科。[祠墓、寺、观、祭田亦有纳粮者，与民田同，兹不备载。]②

对私自变卖宫观田产，清政府予以明令禁止，违反者将被处以发配边疆充军的重刑，康熙朝《大清会典》载："僧、道将寺、观各田地……投献王府及内外官豪势要之家，私捏文契典卖者，投献之人，问发边卫永远充军。田地给还……各寺、观。"③

除此之外，道教宫观还可以通过出租闲置房舍来获得租金。关于宫观闲置房屋的出租，清政府也有一套管理办法。不过，清初的管理对象主要为京城（今北京）的道教宫观。京城道教宫观的闲置房屋的租客主要为外地人，他们可能是来京任职的官

---

① 张研：《清代经济简史》，郑州：中州古籍出版社，1998年，第178页。

② 王云五主编：《万有文库·清朝文献通考》卷12，上海：商务印书馆，1936年，第4959页。

③［清］伊桑阿等纂修：[康熙朝]《大清会典》，卷113《刑部》，《近代中国史料丛刊》三编，新北：台湾文海出版社，1993年，第725册，第5634页。

员，赶考的书生，以及生意人，还可能是些闲杂人等。在统治者看来，其中一些人的存在可能会威胁到京城的安全，需要对京城的宫观闲置房屋的出租进行严格管理。顺治三年（1646），规定："在京寺、庙、庵、观，不许僧、尼、道士混处及闲杂俗人居住，工部、五城查明。僧、道官容隐者，一体重治。"① 康熙十三年（1674），则规定："京城内、外寺院、庵庙、宫观、祠宇，不许容留无度牒僧、道及闲杂人等居住歇宿。"② 此后，雍乾两朝对道教宫观房屋的出租均没有管理记载。

自乾隆末年至嘉庆朝，白莲教在全国各地十分活跃，发展势头迅猛，且与清廷一直处于敌对状态。为维护京师及周边安全，嘉庆帝对道教宫观闲置房屋的租赁进行了尤为严格的管理，颁发了一系列禁令。嘉庆四年（1799），嘉庆帝下谕：

> 嗣后京城内外官管庙宇，如外省赴京引见官员，及候补候选人员等，原可任其租住，不必官为禁止，俾僧、道等亦得香火之资。惟外来游方僧、道，及面生可疑，来历不明之人，必当实力稽查，断不准容留，致令潜匿，仍于年终汇奏一次，不可虚应故事，有名无实。着为令。③

嘉庆帝不禁止宫观出租房屋给外省进京的官员及候补者，但对游方的道士即来历不明者，要重点稽查，每年年终要求汇总上奏一次。到嘉庆六年（1801），当时官府除对官庙的招租情况予

---

① ［清］伊桑阿等纂修：［康熙朝］《大清会典》，卷71《礼部》，《近代中国史料丛刊》三编，新北：台湾文海出版社，1992年，第720册，第3623页。

② ［乾隆朝］《钦定大清会典则例》，卷92《方伎》，《景印文渊阁四库全书》，台湾：商务印书馆，1986年，政书类第622册，第886页。

③ ［清］托津等奉敕纂：［嘉庆朝］《大清会典》，卷390《方伎》，《近代史料丛刊》三编，新北：台湾文海出版社，1991年，第667册，第7689—7690页。

以重视外，对私庙的招租之事同样进行管理，即：

> 嗣后除京城各官庙，照例不准招租外，所有私庙房间，仍准照旧出租，当饬令僧、道等，将租住庙宇之人，查明来历清楚者，方许容留，仍出具切实甘结，呈报地方官存案，倘该僧、道官将来历不明之人私自存留，一经犯案，必当按律惩办。①

后来，嘉庆帝又两次下谕礼部稽查官管道教庙宇的出租情况，从嘉庆二十三年（1818）谕旨内容提到的“几成具文”的事实来看，该官员对此事似乎并不上心，只是敷衍应事，效果不佳。

至道光二十四年（1844），道光帝对京城官庙的稽查事宜进行了重新规定：

> 京城官管各庙住持，每两月一次，出具并无容留来历不明之人甘结，造具僧、道及雇工名数年貌籍贯清册，由僧、道录司汇总，钤盖印信，分送礼部，并步军统领衙门查核。②

除此前的保证书外，该宫观的住持还须制作本庙道士及雇工的人数、面貌的清册，由道录司汇总，加盖印信，分送礼部，再由步军统领衙门进行核查。可见，此时官方对道教宫观出租的管理力度明显加大，出租手续也变得复杂，但效果如何，却不得

① ［清］托津等奉敕纂：［嘉庆朝］《大清会典》，卷390《方伎》，《近代史料丛刊》三编，新北：台湾文海出版社，1991年，第667册，第7720—7721页。

② ［清］昆冈等奉敕撰：［光绪朝］《钦定大清会典事例》，卷501《方伎》，北京：中华书局，1991年，第6册，第804页。

而知。

宫观除有清政府的赞助、宫观的常住田及租房收入外，官员及普通民众也可以为道教宫观的修缮和庆典的花销贡献财力、物力。例如清康熙三十四年（1695），四川按察使赵良璧因与道士陈清觉交好，捐献俸银修建成都“二仙庵”之事，《重建二仙庵记》载：

> 爰度其地，经营基址，采购木植，付彼梓人，构亭一座，竖静室三间，东西朔南，各建静室，另立安单六间，接大众也，客座三间，待随喜也，又另立安室三间，为养老堂也，以及了门厨舍，共二十四间，前后栽以竹木。又计道粮之所需，即于近庵处两契，其用价八千两。每年可栽谷种十石，条银六两，以供本庵子道，供即一切大众，往来安单，来不拒去不追，一体供养以溥大同之志。时藩司高君乐助银三千两，而庵中诸事悉以告成。①

关于公卿士庶捐资助修道教宫观及捐香火田之事，几乎普遍存在于各地方志之中，数不胜数。除个人捐助以外，有些信众还可以通过一种有组织的方式进行常规性的捐献，例如在一些乡里社会发展起来的“乡会”，他们每年都会为道教宫观捐献一些财物，还有仪式用品，如笔、纸、香烛、供果、账册等。

---

① 龙显昭、黄海德主编：《巴蜀道教碑文集成》，成都：四川大学出版社，1997 年，第 300 页。

第三节　道教宫观进香、赛会活动的管理

根据服务对象（皇家和士庶）的不同，道教宫观的功能也不尽相同。官庙的首要功能是为统治者提供宗教服务，如诵经、办道场、祈祷雨雪、负责皇家丧葬事宜，以及帝王进香、赈灾等事。不过，无论是哪种道观，更多的时候是面向士庶等开放，因此都有供民众祈福、休闲为主的社会功能。

在清代，进香祈福活动十分兴盛。仅以北京西北城郊妙峰山的碧霞庙为例，进香的规模已经非常可观。据韩书瑞的研究："18 世纪 30 年代，一些香客团体愈发正式和庞大，它们从十几人到超过七百人不等，沿用'会名'，并没有固定的领袖……19 世纪末，随着交通运输业的发展和大宗的捐献财物，妙峰山进香之旅日益壮大。在 19 世纪最后 10 年中，信仰活动达到高潮。1899 年的石碑可以证明：碑文记载有来自京城内外的 24 个娱乐表演团体、61 个茶棚、56 个香会，遍布整个西郊和进香道路。还有 180 个从属于个人、商家和别处寺庙的队伍。"① 十八世纪三十年代，香客的团体从几十人逐渐发展到上百人，虽没有领袖，但组织愈发庞大与正式，随着交通运输业的发展，至十九世纪末，妙峰山的进香之旅达到鼎盛。韩书瑞以 1899 年的碑文记载为证，指出当时在京城西郊及进香路上，有大量的娱乐表演团体、茶棚，这些明显是专供进香会娱乐消遣的，进香会的数量达

① 〔美〕韩书瑞：《北京妙峰山的进香之旅：宗教组织与圣地》，周福岩、吴效群译，《民俗研究》，2003 年第 1 期。

200余个。有学者估计当时妙峰山每年朝顶的人次可能在10万—20万之间，可见清代进香之旅的规模之大，参与人数之多。同时，因进香人群来自社会各个阶层，男女混杂，清政府对此事是持禁止态度的，如在1656年，顺治帝就说："京师辇毂重地，借口进香，张帜鸣锣，男女混杂，喧填衢巷，公然肆行无忌，若不立法严禁，必为治道大蠹。"① 从上文妙峰山进香的发展情况来看，时人对禁令的遵行程度非常有限。

此外，许多宫观庙宇都有举办赛会及庙会活动。《清稗类钞》对赛会的描述为：

> 其仪仗之大概，前导金鼓二，即大锣也，而衔牌、伞、扇、旗、红帽、黑帽、香亭及陈设各物之亭继之，中杂以乐队、骑队。神舆将至，则先之以提炉，而僧、道及善男信女则随于后，有系铁炼于手足者，有服赭衣而背插斩条者，有裸上体而悬香炉于臂者，皆先期许愿，至是还愿之人也。②

虽然民间的赛会活动热闹异常，清政府对此却屡下禁令。康熙十六年（1677）规定：

> 京城内寺、庙、庵、院，不许设教聚会，男女混杂，并不许搭盖高台演戏、敛钱、酬神、赛会。僧、道录司并该管僧、道官，不时亲查。有违禁者，执送本部，将本人及寺、

① 《清世祖实录》卷104，《清实录》，北京：中华书局，1985年，第3册，第8—9页。

② ［清］徐珂编撰：《清稗类钞》，北京：中华书局，1986年，第10册，第4671页。

庙住持，一并治罪。该管僧、道官不行查拿，本部参处。①

官方注意到在宗教庙宇举办的赛会活动中，会出现男女混杂、难以管制的情况，遂责令道录司及各该管道官进行查禁，违者与庙宇住持一并治罪。不过，这条规定效用似乎比较有限，到康熙四十八年（1709），康熙帝又覆准：

> 鸣锣击鼓、聚众烧香、男女混杂等弊，曾经严禁在案，恐相沿日久，旧俗复炽。再扶鸾书符、招摇夤缘之辈，均应永行禁止。嗣后如有仍前擅行者，该地方官即行究治。如不实心查拿，在京，或经该部查出；外省，或经督抚查出，将该管官员指名题参。②

康熙朝后期对赛会的管制不再局限于京城道观，开始延伸至各地方的道教宫观庙宇，各地方该管官员均被责令严格究治赛会等事。

不过，清代诸帝中，唯独乾隆帝的看法略有不同，他在乾隆元年（1736）下发谕旨：

> 此等事惟在汝等文武大吏，因地制宜，不使民间大燃灯火，致有回禄之失则可矣。若因此而敕部通行严禁赛神之事，则民终岁勤劳，无一日之乐事，岂非拂民之性哉？将此谕亦告督抚知之。③

---

① ［清］托津等奉敕纂：［嘉庆朝］《大清会典》，卷390《方伎》，《近代史料丛刊》三编，新北：台湾文海出版社，1991年，第667册，第7685—7686页。

② ［清］托津等奉敕纂：［嘉庆朝］《大清会典》，卷390《方伎》，《近代史料丛刊》三编，新北：台湾文海出版社，1991年，第667册，第7686—7687。

③ 《清高宗实录》卷23，《清实录》，北京：中华书局，1985年，第9册，第547页。

众所周知，乾隆帝对佛、道两教管理十分严格，能在赛会之事上有如此开明的态度，实属难得。但这也只代表他个人的态度。光绪十一年（1885），御史张廷燎奏报白云观每年正月烧香赛会多有男女混杂等情况，光绪帝下谕：

> 僧、道造言惑众及妇女入庙烧香，均干例禁，嗣后着该管地方官严行禁止。其余京城内、外各寺、观，如有烧香赛会与此相类者，亦着随时查禁，以端风化而正人心。①

烧香赛会是清代普通百姓难得的休闲娱乐活动，满足了大部分人的精神娱乐需要，即便官方反复强调禁令，效果都不甚理想。但这些禁令也代表了清政府对进香、赛会活动的态度，为其对这些活动的间歇性控制提供了凭证。

在清王朝对道教事务的管理中，有关道教宫观的管理是非常重要的一个方面。道教宫观是道士们的修道、栖身之所，也是道教信仰传播的主要场所。然而，为了巩固清王朝的统治，清政府选择对道教宫观进行各方面的管制，以压制道教势力的扩张。其管理主要涉及对既有道教宫观的保护，对新宫观创建的严格限制；对道教宫观经济来源，如田产及房屋租赁、修造的管理以及道教宫观社会功能中民间赛会活动的管控等方面。这些管理举措，有些虽然效果不佳，但也反映出当时道教在社会发展中所受到官方限制的状况，这与道教在清代日趋衰落不无关系，同时也体现出清王朝君主专制主义中央集权加强的历史事实。

---

① 《清德宗实录》卷202，《清实录》，北京：中华书局，1987年，第54册，第874—875页。

第五章　清代的道教内部事务管理

清代道教主要分为全真道与正一道两大道派，其中，全真道主张道士出家、清修、住观，对自身约束极为严格，故在道教内部管理的发展方面有着突出的贡献。这些贡献主要体现在对道教丛林组织的管理，以及对生活及修持等方面具体事项的管理之中。

第一节　道教内部事务管理沿革

东汉末年，天下大乱，民不聊生，天师道（五斗米道）与太平道作为早期道教的两大教派分别活跃在巴蜀和中原一带。其中，偏居西南一隅的天师道，据险自治，抚养民夷，信众颇多。天师道在巴蜀地区的发展过程中逐渐形成了一套道教内部管理制度。《三国志》有记载：

鲁遂据汉中，以鬼道教民，自号“师君”。其来学道者，初皆名“鬼卒”。受本道已信，号“祭酒”。各领部众，多者为治头大祭酒。皆教以诚信不欺诈，有病自首其过，大都与黄巾相似。诸祭酒皆作义舍，如今之亭传。又置义米肉，县于义舍，行路者量腹取足；若过多，鬼道辄病之。犯法者，三原，然后乃行刑。不置长吏，皆以祭酒为治，民夷便乐之。①

东汉末年的天师道已经拥有了初具规模的教团组织。不仅如此，这个组织还具有政教合一的属性。初来学道者名“鬼卒”，入道之后名“祭酒”，所领部众多者名“大祭酒”，张鲁则自称“师君”。在《陆先生道门科略》中，对之有更为详尽的记载：

天师立治置职，犹阳官郡县城府治理民物，奉道者皆编户著籍，各有所属。令以正月七日、七月七日、十月五日，一年三会，民各投集本治师，当改治录籍，落死上生，隐实口数，正定名簿，三宣五令，令民知法。其日天官地神咸会师治，对校文书，师民皆当清静肃然，不得饮酒食肉，喧哗言笑。会竟，民还家，当以闻科禁威仪教敕大小，务共奉行。如此道化宣流，家国太平。②

早期天师道的管理制度是，张天师“立治置职”，祭酒“领户化民”，道民交纳“信米五斗”或其他米绢、纸笔、樵薪等物。张天师是天师道的统治者，祭酒是张天师任命的管理者，其

① ［晋］陈寿著，［刘宋］裴松之注：《三国志》，北京：中华书局，1959 年，第 1 册，第 263 页。

② 陆修静：《陆先生道门科略》，《道藏》，文物出版社、上海书店、天津古籍出版社，1988 年影印版，第 24 册，第 780 页。

职责包括管理道民的名簿、饮食、言行等内容。天师道对犯法之人原谅三次，不知悔改者，始施之以刑。这说明早期天师道的教团组织形态相对稳定，其管理制度趋于规范化，管理观念亦遵循黄老道家思想。黄巾起义失败后，太平道逐渐走向消亡，并在史书上销声匿迹。建安二十年（215），曹操率军西征汉中，天师道首领张鲁降魏，张天师一系及数万道民被迫北迁。大规模的北迁，虽造成了“至义国殒颠，流移死者以万数，伤人心志”[①] 的悲惨景象，却也使天师道信徒“自流徙以来，分布天下”[②]。到魏晋南北朝时期，天师道突破了地域上的限制，在北方和江南一带广泛传播起来。张鲁去世后，天师道内部失去了统一的领导，原本就已经分散的教团组织开始变得更加涣散、混乱。迁移到各地的祭酒和道民们也没有放弃自己的信仰，各自为政，就地自行立署传教。按经书中的描述：“诸祭酒，颇有旧人不？从建安、黄初元年以来，诸主者、祭酒人人称教，各作一治。”[③] 这些问题导致了道教科律教诫的废弛，显然滞碍了道教的发展。加之，早期道教在教理教义及斋醮科仪等方面仍有不完备的地方。在这种形势之下，一些出身门阀世家的上层道教徒，如寇谦之、陆修静、陶弘景等人对道教进行了整顿和扩展。其中，北魏寇谦之对道教的整改，主要包括废除“三张伪法”，对祭酒、道官进行整治，制定面向道众的相关教规教诫，增订斋醮科仪，规范道书写

① 寇谦之：《老君音诵诫经》，《道藏》，文物出版社、上海书店、天津古籍出版社，1988 年影印版，第 18 册，第 236 页。

② 寇谦之：《老君音诵诫经》，《道藏》，文物出版社、上海书店、天津古籍出版社，1988 年影印版，第 18 册，第 236 页。

③ 寇谦之：《老君音诵诫经》，《道藏》，文物出版社、上海书店、天津古籍出版社，1988 年影印版，第 18 册，第 238 页。

作，贬斥民间道教起义等内容。这些整改内容基本围绕着“专以礼度为首”[①] 的原则而展开。寇谦之对旧天师道中存在的不合礼度内容的删改，获得了当权者的支持，使得道教向上层社会发展更为顺利。此外，寇谦之还在对道教的整改中，加入了“转世轮回”“父慈、子孝、臣忠”等思想，这从侧面反映了南北朝时期儒、道、释三家逐渐融合的趋势。经过寇谦之对旧天师道的改革，道教在组织及理论体系上较从前都更加完备。加之北魏统治者的支持，天师道改革效果显著，对北方民众的影响颇为深远，北宋张君房在《云笈七签》卷110中说：“谦之符章，求救治百姓神验，于今北方有行其道者多焉。”[②] 刘宋陆修静对南朝道教的改革主要体现为主张废除旧天师道道官的世袭制度，提倡依功授箓，按级晋升的道官制度；健全道籍管理制度，设立宅官，严格执行道民的登记、审核制度；制定了“三会”与“五腊”等制度。此外，他还在旧天师道斋仪的基础上，增添了包含有上清、灵宝等斋仪的九斋十二法，并吸取儒家的伦理纲常与佛教的三业清净等思想，撰写了大量有关道教斋戒仪范的书籍。经过南北朝时期的道教清整运动，道教内部的管理制度开始逐渐走向成熟。到南北朝末期，上清派与灵宝派逐渐兴盛起来，他们对旧天师道的祭酒制度不再加以采用，转而实行道士的出家住观制度。道士们聚居在各名山与都邑的道观中，进行传箓、修斋、持戒、祀神、修炼等宗教活动，道观的日常事务主要由观主来执

① ［北齐］魏收撰：《魏书·释老志》，北京：中华书局，1997年，第8册，第3051页。

② ［宋］张君房：《云笈七签》，《道藏》，文物出版社、上海书店、天津古籍出版社，1988年影印版，第22册，第754页。

掌。出家住观制度主要依托于道教宫观，更加便于当权者对道教的管理，因而受到了南北朝一些统治者的支持。

唐代，李唐皇室尊崇老子为远祖，道教得到了前所未有的发展机遇，道教内部的管理制度也逐渐趋于完善。首先，在道教内部的组织制度方面，按照道士的修行、德行高低选任道观的管理者，再由他们将道士分为不同等级，按照受经戒法箓种类的不同，分为二十四阶，按照受法箓阶品的不同，分为九种法位，这是唐代创立的教阶与法阶制度。其次，由于唐代道教的兴盛，宫观规模不断扩大，道门内部事务增多，于是形成了观主、上座、监斋三位一体的宫观执事制度，以及专门从事道教斋醮法事的仪坛执事制度。再者，唐代的道观不仅是道士们进行宗教活动的场所，也是他们日常生活的居所，因此还产生了管束道士日常生活的规章制度，其内容主要是一些有关道士言行举止的规戒、修炼准则等科戒。此外，唐代还形成了道教的经戒法箓传授制度与道观常住管理制度。

宋代统治者沿袭了唐朝尊崇道教的政策，在宋太祖对道教崇奉的基础上，出现了宋真宗和宋徽宗的两次崇道高潮，道教在宋代发展十分兴盛。同时，宋代帝王对道教的推崇促进了道教管理制度、理论和著作的发展，也使得道教在此一时期出现了不少新的派别，例如天心派、神霄派、内丹派南宗与北宗、净明道等，其中符箓教派发展尤为突出。在宋代儒、释、道三教融合趋势加深的情况下，诸道派在道教义理上多是提倡三教思想合一。宋代宫观主要分为天子之祠与普通宫观，普通宫观占宫观总数的绝大部分。宋代普通宫观的执事主要有：

住持、知官（观）事，同知官（观）事，监官（观），尚（上）座，知库或库主，典客，掌籍，监斋，书记，直岁，化主，表白，殿主，院主，庵主。①

在宋代宫观中，住持、知事、监宫（观）被称作宫观主首，与佛教寺院三纲相对应。其中，住持与知事两职多是一人兼任，为宫观的实权拥有者。宫观主首可以通过御札特充、宣敕除授、州军差补、试经等途径升职为官府设置的道正、副道正、都监等道官职位。

金元时期，北方出现了三大道派，即太一道、真大道、全真道。其中，以全真道对道教内部管理制度的发展贡献最大。全真道的开山祖师王重阳曾著《重阳立教十五论》，此书在融合儒释道三家思想的基础上，论述了全真道创教的基本宗旨，同时，对全真道士的修炼如出家投庵、云游访师、学书、精研药物、静坐、结伴等活动都进行严格规定，是全真道早期有关教门管理的经典著作。王重阳之后的马钰掌教期间，对全真道德戒律也进行了完善，例如他在《丹阳神光灿 · 立誓状外戒》中，提出全真道士要遵守国法，断酒色财气，慎言语，节饮食，不学奇异怪事，居庵不超过三间，结伴修道不过三人等。至丘处机掌教时，成吉思汗对丘处机颇为尊崇，全真道在政治上获得认可，在经济上得到了支持，在丘处机及其他高道的努力之下，全真道在全国范围内传播开来，全真道的宫观开始遍布于各地区。丘处机以道教的传统戒律为基础，参照佛教“沙弥、比丘、菩萨”三戒体系，制定了全真道的“三坛大戒”，它包括初真戒、中级戒、天

① 唐代剑：《宋代道教发展研究》，《广西大学学报》（哲学社会科学版），1997 年第 4 期。

仙大戒，由门人单传秘授，严格要求全真道士做到戒律精严。

同时，由于全真道宫观在全国各地数量的增多，出家住观的教团组织日益壮大，这促使全真道领袖们创立了一套与之相适应的道教内部宫观管理体制。全真道参考佛教禅宗的十方丛林规制，建立了道教的丛林制度。此外，还制定道教的清规榜作为道教戒律的补充，进一步规范和管束了道士的宗教活动与生活秩序。丘处机订立的《长春真人规榜》是全真道较早的有关宫观清规的成文条例，对道士住庵有着各个方面的规定。此外，清代闵一得的《清规玄妙全真参访集》收录有《规矩须知·外参访》《学道须知·内参访》《紫清白真人清规榜》《长春丘真人清规榜》《清规榜》《长春丘真人执事榜》《执事榜》《长春丘真人垂训文》《戒食铭》。通过这些榜文能窥见全真早期一些有关道门内部的管理制度的情况，其中，清规榜明确规定了对道士违犯戒律的处罚条例，执事榜主要是参照佛教禅宗的丛林执事制度而订立，内容包括有道教十方丛林的执事之职责。全真道教团的管理制度也在几代掌教者的努力下趋于成熟，戒律及宫观管理规制得到完善，最终由组织松散的教团发展为管理体系完备的官方宗教。

元明之际的道士陆道和编集的《全真清规》是对以往全真道戒规的总结，其内容主要包括：指蒙规式、簪披次序、游方礼师、堂门戒腊、坐钵规式、祖师则例、三不起身、钵室赋、教主重阳帝君责罚榜、了真升堂文、长春真人规榜等。这本书基本涵盖了全真道士从投师出家至进入道教丛林的一般持行礼仪及清规。其中，后附的《教主重阳帝君责罚榜》是全真道较早的有关道士的具体处罚办法，对此后道教清规榜的制定影响甚大。

张宇初是明代另一位对道教内部管理制度发展做出杰出贡献的著名正一道道士。明初的道教虽呈现出一片贵盛之势，却也面临组织松散、纪律涣散、腐败享乐等严重的内部问题。面对这样的情形，作为一个欲有所作为的道教领袖，张宇初从修订教门清规开始，决心改变道教日益腐化的趋势。《道门十规》应运而生，并成为“明初清整道教的纲领性文献”①。《道门十规》之中，有关道教宫观内的管理制度的内容集中在后半部分。第六条的“住持领袖”是关于住持的选拔条件，“必得高年耆德、刚方正直之士，言行端庄，问学明博，足为丛林之师表、福地之依皈者为之，庶足仪刑后进，准则前修”②。位居住持之位，便要处事公正，慈仁节俭，吸引信众，教导他们焚修香火、请福消愆，还要告诫他们“先严戒行规矩为要，警以罪福因果之报”③。总之，在其位，谋其职，对宫观内部的大小事宜皆应尽职尽责，不可有懈怠之意。第七条是“云水参访”，这是借鉴于全真道的性命修炼方法。张宇初认为道门中人，应当效仿和采用全真道早期出世离尘，苦志修行，云游天下，参访明师等方法，最终到达性命本分的修持方式。第八条是“立观度人”，张宇初将这条内容视为“出家接续之首务”④。各宫观若想香火绵远，就必须通过度人来实现。但招收弟子也应谨慎，对弟子的出身有一定要求，

① 卿希泰主编：《中国道教史》，成都：四川人民出版社，1996 年，第 3 册，第 450 页。

② ［明］张宇初：《道门十规》，《道藏》，文物出版社、上海书店、天津古籍出版社，1988 年，第 32 册，第 150 页。

③ ［明］张宇初：《道门十规》，《道藏》，文物出版社、上海书店、天津古籍出版社，1988 年，第 32 册，第 150 页。

④ ［明］张宇初：《道门十规》，《道藏》，文物出版社、上海书店、天津古籍出版社，1988 年，第 32 册，第 150 页。

最好是出自名器之家，避免收入卑微之士；要依凭道门经典，汇集众人进行考察。顺利通过考试者，便可以向朝廷申请度牒。道士在受度后，也要恭敬神明，遵守道门戒规，研习经箓，焚诵经诰等。如有道士混同世俗，故意违法戒律，便按其所犯罪过的轻重，加以惩戒。第九条是“金谷田粮”，宫观产业，如田土等，应专用于“赡众香灯”，还规定对宫观的金谷田粮管理一定要“公同出纳，明白登载，不得指私为公，各畜私财，互分各据，擅自支遣”①。第十条是“宫观修葺”，名山福地，前代及本朝所建的宫观等，历经战乱，多有废弛。张宇初借“昨蒙圣恩清理，其凡系前代真仙古迹灵坛，岂宜废弛，必合依时修葺”② 之机，要求道门中人对宫观经常进行修葺和维护，肃清坛宇，使神明有依栖之所。张宇初的《道门十规》对全真道的管理方法明显有借鉴的成分，在“云水参访”条中，云游天下，拜访明师等内容，均可以在全真道早期的《重阳立教十五论》等著作之中找到出处。张宇初希望通过提倡这些苦行的修炼方式，来改变当时正一道，乃至改变整个道教内部出现的追求享乐、腐朽堕落的风气。当然，这也从侧面体现出明初道教内部各道派的思想融合之势。

---

① ［明］张宇初：《道门十规》，《道藏》，文物出版社、上海书店、天津古籍出版社，1988 年，第 32 册，第 151 页。

② ［明］张宇初：《道门十规》，《道藏》，文物出版社、上海书店、天津古籍出版社，1988 年，第 32 册，第 152 页。

第二节 道教丛林的组织制度

一 道教丛林执事的设置与职责

清代道教主要分为正一道与全真道两大派别。其中，清代正一道较大的宫观有龙虎山的上清宫与天师府、句容茅山道院、阁皂山大万寿崇真宫、西山万寿宫等。清代全真道的宫观按属性不同，一般可以分为子孙庙、十方丛林。子孙庙不得悬挂钟板，由师徒代代相传承，无论规模大小，均称为小庙。如果子孙庙悬挂钟板并以钟板作为庙宇日常作息及事务的号令，则具有半“十方丛林”性质，被称为“子孙丛林”或“子孙常住”，须留单接众，为十方道友安排相应的职务。这类庙宇有辽宁的千山无量观、湖北武当山紫霄宫等。十方丛林又称十方常住，有传戒特权，但不可私收徒弟，这种宫观的性质是为全国道教徒所公有，备有全国三山五岳各宗派的“字派”，不分南北地域，凡是道教徒均享有挂单居住的权利，但大家同时也有保护丛林的职责。此类宫观有北京白云观、陕西八仙宫、张良庙等。对此，小柳司气太在《白云观志》中就道观的区别曾说：“凡分为二，一曰：小道院，例如北京琉璃厂吕祖庙，上海三茅阁是也；二曰：十方丛林，有传戒之特权，如各省玄妙观，白云观是也。”① 道教原本

① 〔日〕小柳司气太：《白云观志·附东岳庙志》，东京：东方文化学院东京研究所，1934 年，第 69 页。

是不要求道士必须出家、住观的。十方丛林制度发端于全真祖师王重阳，他在借鉴佛教的一部分组织形式和规章制度后，结合全真道本身的情况，要求弟子出家常住宫观受戒，建立起道教的十方丛林制度。

在道教的诸类宫观中，十方丛林比较重视对庙内道众的管理。道众在常住内的日常作息和举止行动都有节制和规矩，道教的规法、威仪也是他们重点需要学习的一个方面。金、元时期，全真道的丘处机受到成吉思汗的尊崇，全真道教门大兴，宫观林立，教团组织迅速扩张。为适应教门兴盛与教团发展的新形势，丘处机在借鉴佛教禅宗丛林制度的基础上，建立了一套较为完善的全真道宫观管理规制，以约束道众并保证道教十方常住内的正常活动与生活秩序。这套管理办法对日后道教的发展影响深远，清代道教十方丛林的管理体制就是其延续和体现。

全真道的十方丛林管理制度建立在以宗教信仰关系为纽带的十方丛林公有制经济的基础上，即宫观本身的一切庙产（土地、农具等生产资料）均属于全真道全体道众所有，宫观的一切经济收入的分配有某种均分制色彩，这是一种具有宗教性的特殊形式的民主管理体制。

清代道教宫观的组织框架，主要内容包括厘定观内的组织纲目，包括对方丈、监院及各大小执事的职责、任职资格、推选条例的规定等。清代全真道十方丛林中，执事首领有方丈、次为监院，再次为都管，其他执事的名称有：总理、高功、经主、殿主、静主、都讲、都管、提科、表白、化主、堂主、都厨、典造、主翰、书记、账房、海巡、迎宾、知客、公务、库头、监修、巡寮、巡照等。不过，不同的道教丛林根据宫观本身的情况，在不违背全真教理教义的教规的原则下，在执事部门、执事所司职务及补选条件等方面会有一定不同。以下本书依据清末北京白云观与陕西张良庙的执事榜对清代道教丛林的组织制度进行讨论。

北京白云观是全真道的三大祖庭之一，又号称“全真天下第一丛林”，因此白云观的执事榜在清代道教丛林的管理制度中有一定代表意义。李养正的《新编北京白云观志》中录有《清咸丰六年白云观执事榜》，内容如下：

全真演教宗坛，粤闻太上垂设教，大开方便之门。道祖演教阐元，更启会仙之地。寻真访道，得所凭依。夫道理者杳冥，太极之上，岂可易见。故天下之士，寻者多而悟者少也。爰闻三生万物，大道无私，仙榜题名，何人有分。琳宫托迹，孰士能行。本观自丘祖开建以来，名曰会仙第一，为丛林之首。及古至今，杖临京师福地。虎啸龙吟，群庇圣迹灵基。鸾翔凤舞，乃十方云朋之集处，三生霞友之同居。开千古道场，度化万之尘迷。耳聆钟板之声，凡情具淡。言论道德之语，钝志宏开。是以有缘得至栖真之境也。倘遇名师指点，无不心会神通，能了出世家风，堪作升仙活计。讽经礼忏，威仪存诚。运水搬柴，无非妙用。各具慧眼同观，且勿当面错过。作圣作凡，皆由自己。悟元悟道，莫问他非。幸获云水相逢，烟霞聚会。凡所执事，应当竭力尽心，各任其事。宜悟遵之，勿忽勿怠。今将执事开列于后：

都管	总理	都讲	知客	巡照
海巡	巡寮	海寮	纠察	迎宾
堂主	都厨	化主	静主	经主

高功	忏主	殿主	知翰	书记
经堂	值藏	值账	买办	值库
点头	饭头	贴案	麵作	告灯
庄头	行堂	司钟	司鼓	主规
主钵	侍者	知随	护静	碗头
磨头	钟板	杂务	夜巡	门头
水头	火头	柴头	汤药	老堂
园头	值牲	圊头	童子	茶房
茅庵	塔院	菜头	值堂	公务
洒扫	客厨	行者	监院	

以上执事，均案

先范之模范，接引后学之阶梯。气质虽殊，赋性则同。凡我同人，当体祖师慈悲。坚持正念，借此修真辨道，磨炼身心。惟生死事大，莫负师尊厚德。衣食虽小，当报善信之仁恩。朝夕不可懈，情理顺其自然。各秉丹衷，幸勿有误。谨之慎之。

咸丰六年十一月　日。[①]

在20世纪30年代，清咸丰六年（1856）北京白云观的执事榜犹揭示于白云观斋堂，主要内容是清代白云观共计六十四位执事职位，至于执事的职责与职务，该观附以《长春真人执事榜》加以说明。但因长春真人执事榜的制立及揭示年代无考，故不在本书讨论范围内。本书附以任永真《三乘集要》中的清同治年

① 李养正：《新编北京白云观志》，北京：宗教文化出版社，2003年，第338—339页。

间的陕西留侯张良庙的《律坛执事行为榜》作为补充说明，即：

窃闻云水大众，原系四海同居，既入坛下，必须通知模范，功行悉备，不异先贤。自今云水相逢，烟霞集会，倘得道上遇师，师边得旨，恒心觉悟，了却出世家风，竭志修持，堪作升仙活计，如若不谨，后悔何及，凡诸执事，各宜勉之。

—方丈：乃人天教主，渡世宗师，演龙门之正法，撑苦海之慈航，常怀传贤之心，素无吝道之意，作全真之模范，律门之纲领，非有道之师，不可立也。

—监院：乃常住之首领，道众之宗主，必须才全智足，通道明德，仁义谦恭，宽洪大量，弱己卫众，柔和良善，明罪福因果，功行俱备者，乃可当此大任。倘有不肖、不洁，该都管、总理稽查明白，即禀方丈依规公论，轻则罚斋，重则议换。

—都管：乃常住之总统，必才智兼全，方能主之。凡一应大小事务，一年四季散单，出入账目，往来人情，无不提理。运度检点，夜思昼行，净心无私，赤心办事，常住有倚。倘有偏私、障碍，方丈率众升堂，依规公论。轻则罚斋，重则抽换。

—总理：总理常住大事，兼内外钵堂事务，协理当家都管，总司大众功过，赏罚秉公无私，倘有不忠正者，都管监院，同禀方丈，依规公论，轻则换之，重则抽单。

—都讲：管理圜堂、钵堂、诸经讲义威仪等事，非有道学之志，不可当此任也。

—都厨：乃管理厨房各款派造，大众三餐，日日清单多寡，以免剩斋遭践，倘有添减单客，分派菜羹，各件斋肴，须要秉公之士，以当此任。倘有不公，议换抽单。

—静主：管理圜堂修行，坐静之人常谈圣真经教，不言杂语，非通道德之士不可任矣。

—堂主：管理云水客来，挂单之士，并管钵堂，持戒威仪规范，监察不许犯戒，违律等事，必须明达正真之士，乃可任也。

—殿主：乃恭洁精虔之士，时当洒扫恳勤香灯，虔洁供器谨慎，时刻照管，并监理经师，倘不恭懈怠，或诵渎上圣者，罚油入库。

—高功：乃随坛作仪，住持法事，大小坛场，步罡、上表、迎驾一切朝事，经典法律，科范威仪，虔洁规模等类，不得轻浮狂躁，违者罚。

—经主：当选洞明经典、法律、科仪、规范、忌讳、礼法，非高明精洁恭虔之士，不可任也，凡修奉经典，关系教门兴颓，未经师传者，不许入经堂，三时功课，朔望朝贺，勿得轻浮狂躁，不遵者罚香。

—化主：以助常住不足之处，或兴工，或培添各款，全仗此任，须要熟记因果，能言之士，对答应付，尽心协力，观其形势，谨慎恭敬当此任。

—知客：应答高明言语，接待十方宾朋，乃以深知事务，深知事务，通达人情，乃可任也。凡送往迎来，必要分别贤愚诸事人物，须当随机应变，观其形势，不可轻慢，可留可送，不得徇私，如若弄弊坏事，轻则罚香，重则抽单。

—巡照：必须广博正烈，乃可司之，常住内外一切事务，可行可止，监院寮房，规令森严，协理知客、庄主，总司其权，每逢朔望，催众上殿，云集毕，率众朝谒方丈，凡有公事，不得归单，宜公平办事，倘有私弊，知客即禀监院，依规公论，轻则换之，重则责罚逐出。

—迎宾：乃接待十方往来云水，细查来历，恐混不法之徒，假扮庄严，冒充玄裔，须仔细抽问经典，宗派三代以及口音，一切等查，如若不虚，写帖年貌身躯，送上客堂，再问须精明之士，可当此任也。

—巡寮：乃办理常住，一切公干，安派执事，巡查一切杂事，查管众执事，抽补升迁，提调机密，不得为私仇而费公事。亦不得为私，安排己朋，司当大任，须众公议可矣，须正直忠谨之士，当此重任。

—海巡：乃查理执事一切公事，经堂、斋堂，各殿香灯，各寮杂件，窜寮口角，透漏常住，不公之类，须秉公之士可任矣。

—监修：乃修整一切，兴工造值，楼房殿阁，或河堤墙垣，庄务栽种等类，并兼理庄头常住庄农，大众养命之源，须要尽心竭力，提调耕种，依时收获，谨慎四时节令，勿得失误，雇请开销一切工人，提调不怠，支派恳勤，勿得遗误，须勤俭之士，可任矣。

—账房：乃管理各簿，进出总司。银钱支消，公事费用，账目清白。凡一月对神清算一回，账簿清明，分支不漏，勿得徇私弄弊，倘有不洁处查出，禀监院，轻则罚斋，重则抽单。须清洁之士，当司此任。

—库头：所管一切斋粮果品，海味山珍，油盐酱菜，及器皿、金银、珠玉财物等件。必须公直清廉之士，司当此任。勿得奸弊私徇，轻则罚斋，重则抽单。

一书记：当选洞明道典之士可任此也，凡一切表疏申状，必须依科书格式虔诚恭写，不可自作聪明致冒渎圣真，违者罚，兼书一切信函，不得误之，可任也。

一公务：主理佃写田地房屋，催讨租稞，一切欠贷银钱货物。讨理阴地，经理地界、山树一切等件。若有私蔽，轻则罚斋，重则抽单。凡交执事不当，必将外欠新陈多寡，还期远近开一清单，同客寮交与接手之人，领到欠户之处，交代清楚，方可脱身，不误常住之事也。

一主翰：乃书墨精明，善写各款，大小概书，又能补葺，笺窗画图成象，山水异物，花草之类，须清高翰香，泮水青云之士，可任也。

一点造：乃精修神前供奉，调理客便饮食，非勤洁之士不可当也，凡厨中一切食用，皆十方脂膏，必须用度合宜，不可妄费供养。必须洁净，谨记入厨先洗手，对案莫开言，如未供先尝，私造偏食，查出摧单。

一提科：乃提音接咏，雅步雍庄，咽喉清澈，滴滴鱼鸣，直透九霄。虔恭威仪，道妙长兴，随声应和，聪明殷勤，大小法事，不可疏忽。

一表白：乃跪宣文函，清音雅咏，字句显明，虔心恭敬，上申天庭，毋得失仪。错字差句，颠倒重叠，如不识认，预先证明，勿失规范，不比常文。

一主规：管理钵堂，持戒威仪，规范监察，不许犯戒违律，必须明达正士，可任也。

—主范：管常住建立诸坛陈设，代理钵堂，四时坐香，威仪等事，非博文广见之士，不可任也。

—主钵：管理钵堂，监察戒子善恶，必直正之士，乃可任也。

—买办：乃公正清廉之士所司也。凡出入买办，账目清白，一月一算，对神盟誓，不得私弊坏事，违者抽单。

—贴库：须料各款，一切杂事，进出器皿计清。油盐粮面，将尽早报，先虑一着是其理也。毋得私徇，若其查出，重则迁单，轻则另换。

—坐圜堂者：诚心养神，静寂周天，回风混合，坎离成象，火候调均，玄珠出鼎，神化无方，此乃修全真之梯磴，非通道之士不可立也。

—碗头：须常清整数目，净洗三餐，如若毁坏，报数添赔，有心损失，催单勿违。

—茶头：五头板，报火即起，殷勤炉炭，壶欢水长，敬宜细功。晚头二板，止火封固，毋得妄用。枉费常住者，乃为罪也，不听另换为上也。

—磨头：须宜用心，麦淘洗净，上供高真，下结道众。细罗筛面，须虔洁殷勤，抢功夺行，其功甚大，勤俭之士，可任也。

—园头：乃四季栽种体节令，菜将成熟，早晚防贼盗不可失误，早报厨中，供侍大众。若有偏私者罚。

—柴头，调远厨用，以供大众，须负败坏之树，刺草藤蒿朽木之类可柴也，切须搬运日用，不可懈怠，以防雨旱淋漓，是其候也，妄费抽单，私心者罚。

—水头：提桶运浆，调食上供。大众茶饭菜食，非水不可净，恐有虫等，即拣出放生，不得灌筒入缸，倘有明知故意，入缸锅者，一过也。众沾水土之恩，其大甚哉，须争功夺行之士任之。

—圊头：乃夺功争行之任，出其自愿，领受司任，非轻巧职务，须勤担粪土，扫除干净，以便出入欢忻，为功也。

—洒扫：乃洒水以润尘灰，毋得扫地飞扬于祖师头面尘垢，香灯受尘不明，误者过也，故意违者迁单。

—行堂：于堂头填斋，观其众钵，添斋视看多寡，筯指添指，毋得戏玩，多添笑弄饮食，如违迁逐。

—杂务：扶持常住，一切杂派公事，未安之执即待之，凡出入诸事勤俭，上升也。

—火头：乃夏月之令，每日三次，是其候也。须宜火候调均，分其大小次序。造供作食等类，非火功无成。须洁士可以任。①

事实上，清末陕西留侯张良庙的执事体制基本是沿袭了收入《藏外道书》的《清规玄妙全真参访集》录有的《长春丘真人执事榜》的常住执事体制，只是在个别地方有所修改。结合北京白云观与陕西张良庙的执事榜，可窥见清代道家执事榜的基本要旨与内容，因为全真宫观本身是以道教信仰为联系纽带的道教教团组织，其中，丛林常住一般不收徒，这里的成员来自全国三山五岳，众道士的出身、品性皆高下不同，为使宫观的修道生活及

① ［清］任永真：《三乘集要》，西安：西京克兴印书馆代印，1936 年，第 48—61 页。

日常生活能有序进行，必然需要有一定的行为规范。具有道教丛林属性的宫观一般都是大庙，其内部设置有诸多的宫观管理者即执事，执事们的职位及职务一般根据各宫观的需求不同有所不同，总体来说差异并不大。

在道教中，讲人心方寸，天心方丈，方丈是道教十方丛林的最高领导者，为一观之主，但其实是一种荣誉职务。在传戒期间，方丈成为律师，有开坛传戒的职责。因方丈为全真之模范，度世之宗师，故其选拔十分严格，必须是受过三坛大戒（初真、中极、天仙），接过律师传“法”之人。候选方丈之人，在品性上要求德高望重，修持上要求戒行精严，唯有受全体道众拥戴之人，才有机会成为方丈。如果本丛林无此德高望重之人，可以从其他宫观请人来担任方丈这一职位。

监院是常住的首领，俗称“当家”，也称“住持”，他是十方丛林的实际管理首领，一般由该庙的常住道人全体公选德才兼备之人来担任监院的职务。监院可以连选连任，若无此人才，也可到其他宫观选请。如果监院在任期之内，犯重大过失，可由都管上禀方丈，依规处罚，轻则罚斋，重则免职撤换。

都管是宫观内的大小事务的统理者，是监院的助手，对监院有一定监督权。散发单钱，出入账目，往来人情等，都由都管总理。都管若在办事过程中，有徇私、懈怠的情况，则由方丈率众升堂，依规公论，轻则罚斋，重则抽换。

在十方丛林中，监院之下设有八大执事部门，分别是客堂、寮房、库房、账房、经堂、大厨房、堂主、号房。这八个部门的首领又被称为“八大执事”。不同的十方丛林在执事部门名称及执事所司职务上有所不同。

客堂的首领是总理，总理通常住在客堂，主管接待宾客，并协助监院、都管总理职务，办理内外公事。总理下设有知客、主翰、化主等，负责迎送、酬对等事。知客一般有三至五人，有先后顺序，即头单知客、二单知客、三单知客等，如总理不在事，头单知客可代理负责总理职务。值得一提的是，张良庙的方丈任永真原为西安八仙宫的知客，因张良庙有难求助于八仙庵，任永真自告奋勇前往，就任张良庙的方丈职务，张良庙的十方丛林制度就是由他一手建立起来的，现仍留有当时的文献记载。主翰即是书记，须为书画兼能者，如果主翰在书写表疏之时有不恭敬的行为，或是不依照格式书写牒札符命，误事者将重罚。化主主管宫观的化缘和募捐，善于应对之人，方可担此执事。

寮房的首领为巡照或纠察，一般两者只设其一，唯独十方丛林传戒时，有一齐设立的情况。巡照通常住寮房，主管常住的监察事务，统辖大小执事。巡照之下设有巡寮，负责巡查常住的一切杂事，一般三五人不等，也有头单巡寮、二单巡寮的设置，头单巡寮于巡照或纠察不在时，可承担寮房首领的职责。海巡负责监察执事公务；监修负责常住修造之事；公务负责佃写田地房屋，催讨租税和欠贷的银钱货物。

经堂的首领为高功。高功负责住持大小法事、上表迎驾、随坛作仪等事。高功需要精通玄律及经典科仪之人方能担任。高功下设有经主、经师、提科、表白等执事。经主负责修奉经典、三时功课、朔望朝贺等宗教活动。经主如有轻浮不守礼法之行为，罚香。经师负责诵太上之经典、礼天尊之宝号、祈福度亡、演音唱韵之事。提科是经师班中的提音唱咏者，在大小法事中，不可忽视。表白为经师班中负责跪宣表文之人，因其所诵之物会上达于天，所以不得失仪。

宫观内的每个神殿都设有殿主，凡殿内的洒扫、香火、供器、安全等事均由其负责。倘若有懈怠情况，亵渎神灵，罚油入库。

云水堂又称“十方堂”，北京白云观旧有十方堂和云水堂两个堂口，十方堂负责单日挂单的道友，云水堂则负责双日挂单的道友。不过，有些十方丛林将两者合二为一，例如张良庙，其执事为堂主，主管道友挂单事务。云水堂的首领为堂主，主管监察挂单之人的持戒威仪、言谈、修学等事，发现违规之人，则有催单的权力。同时，十方丛林内，还设有号房，号房的首领为迎宾，负责考查和诘问挂单道友的真伪，防止不明假冒人等混入常住内。

圜堂与钵堂主要由都讲管理，道学深厚之人方能担此重任。圜堂设有静主，坐静安圜，主管圜堂修行静坐之事，又另设有坐圜堂。钵堂的执事有主规和主范等。

账房的首领为账房，一般分内、外账房两名执事，相当于今天的会计和出纳，总管十方丛林的财会事务。一般由清廉之人担任，如果有徇私舞弊的情况，轻则罚斋，重则抽单。

库房的首领为库头，主管丛林内的柴米油盐酱醋茶、金银财宝及器皿等物件的出入、安放和保管。平日必须出入有账，收放得当，耐心细致之人方能担当库头。如有徇私舞弊的情况，轻则罚斋，重则抽单逐出。库房还另设有贴库辅助库头料理库房杂事。

大厨房的首领有点造（或作典造）和都厨，点造主管神前供奉及便客饮食。都厨主管厨房的各项派遣及大众三餐，不得有不洁不净，私造菜食等行为。此外，厨房还设有茶头、火头、水头、饭头、菜头、碗头、磨头、碾头、园头、圊头、杂务等执事，各负责管理厨房的茶水、水火、饭菜、磨碾、菜园、厕所等杂项。其中，由于圊头负责担粪便、掏厕所等脏累之活，宫观内一般会给予其保单、保香的特权。凡到十方丛林挂单者，必须背诵《早晚功课经》，有些人因不识字，或年纪大记性不佳，可以通过道友说情，到宫观里面当圊头，保单之人可以不背经。跪香是道众在违规犯错之时的一种惩罚方式，须跪一炷香才可起身。如果只是偶有犯规，可以请圊头来保香，免于责罚。

除此之外，道教丛林中，还设有一些杂役执事，统称“散执事”，如洒扫、钟板、夜巡、巡回、巡山、老人堂堂主、副殿主、知随、买办等。

虽然各大道教丛林会大体按照客堂、寮房、库房、账房、经堂、大厨房、云水堂、号房等部门（寮口）来设置大小执事，但也会依据本观内的自身情况，适当地增减寮口及调整寮口执事的职位及人数。如张良庙在钵堂之下设有主规和主范，饭堂没饭头和菜头，反而设有碗头管理厨房的碗筷等物品。

从北京白云观及陕西张良庙的丛林的执事管理体系可见，清朝末年道教丛林的执事们所司职务及分工是十分清楚的，执事的人选也有明确规定，他们之间可以相互监督，如有违规懈怠之人，轻则罚斋、撤换，重则抽单、逐出。执事们过着十分忙碌的生活，并非如世人认知般的清闲与松散。

二　道教丛林执事的管理规范

丛林执事作为道教丛林的管理者，其行为必然要有相关的管理制度加以规范，这样才能保证道教丛林内部管理的秩序性和公平性。这对丛林内道士的修炼和日常生活能有序进行，以及丛林能长期存在都有着重要的意义。清代陕西留侯张良庙方丈任永真所著的《三乘集要》中，还保留有该庙于清同治年间制定的“经理事务定规”，本书欲借此对清代道教丛林常住的管理规范窥知一二。其内容如下：

—凡方丈、监院、执事、道众等，勿许招认佃户为徒，或认义儿，乃与常住弊害，倘违察情革除。再道众等与俗人等拜为弟兄，迁单不恕。

—有佃户正月闻请春客者，只许一人，公务客寮轮流；其家好过强请，只许二人，不得争让，或有私去者，察出量罚。

—客堂兼理经殿，不恭之事，并及内外大小事务。如入争是非者，先投寮房讲理，说之不了，再投客堂。不可徇私隐情，倘有违规，请寮房宜公量罚。如不遵横行者，请寮房公务帮办，不得推脱。或有争强论理，小事劝解，事大上请总理、都管、监院公议。如有私听者罚，倘有作弊者责革。

—地外遇讼控案，宜总理、知客出头顶案，不得推脱。若无能者，执事道众选人顶案，不致于误事。案结之日，谢辛苦钱一串两串，观此事之大小。

—凡待客，坐宜端正，勿许摇身背腿，斜坐点膝，观者不恭，惹众耻笑也。临近来往僧、道之客，待饭一桌。知客、知随轮流，各一人陪食侍奉。或遇官士商贾俗人等之客，不许陪食，多有不便，免人之论也。

一寮房内住执事，管理事务，倘有投入讲礼，坐宜端正，不得粗言高声，必须衣冠整齐。问答清白，细察情由。先观形相，后思素行，或谓办公懈怠，或与刁唆误事。若有执着不服，客堂公务帮办。凡是大事，同上客堂，并请总理、都管、监院，自有定论，或杖责，或罚逐。

一再谕设立巡照寮板，为常住之号令，为敬神出坡之事，最关紧要，切不可私行妄动。倘有非礼之事，务必通知知客，同都管、总理、监院，可响则响，不可即止。若私行妄动，治罪加倍，与响板之人，决不宽恕。

一内住道众，欲安苦行执事，宜照旧规，寮房与都管谪议。无都管与监院定夺，观其当然，勿许抗违。安执事之时，交清单毕，免得后来扯肘，恐伊交接不清，均罚，悔之晚矣。所任勿许偏私障碍，勿以为公而报私或言语不周，乃不得动气发粗，损坏常住之物，自己之罪，上知定然重罚，总不如一正谦恭，上下公平，不妄费当然之事，勤俭不误，已有功德，乃为行也。

一凡告假者，大执事宜上客监院，或准或不准，不得强为。道众执事告假尽归寮房，只许三日，只许三日，恐其雨隔，准托人补三日。内住三年，准之五日，补假五日，误假消号。与常住不睦不准，告假一日、半日，领签一人一只，只许两签。签交门头，至三板时即回。取签寮房消假。三板不到，误者罚香。

—公务照管外事，摧讨新陈稞账，如有佃户等事，公务知情顶案。若公务无能，上下执事人等，派出顶案。案结之时也，轻重不等，或钱一串、两串谢之，若公务不当交执事时，必将外欠新陈多寡、还期远近，开一清单，同客寮交与接手之人，领到欠户交代清楚，方可脱身，不误常住之事也。

—执事外出，办要紧公事，或办买，或化布施等事，常住给盘费，或功德主给日用，或给送路费礼物等件，不除茶钱尽归常住事。完回时，量其功而谢之。

—圜堂静主，管理圜堂一切事务，堂内不准烧烟煎煮，或圜单上下煨火者罚，现有章程客寮存据。凡坐香照子午卯酉坐香，四时四柱，如有客施给零钱，或一串、二串，银一两、二两，堂内均分，如外余者，同客寮执事全过平，三七分，七分入公账。茅庵坐静者，亦钱一串、二串，银一两、二两自得，余者全交客寮，分三自得，分七入公账。

—养症堂：所谓养病，而人难无病，为有身即有病，即如无身，有何所病，有谓生死参访，乃受风寒暑湿而病之，有着于苦行贪嗔而病之，为人之大难也，常住慈悲，设立此堂，救度此难也，况又南北不同，南方蚊虫之甚，当做蚊帐罩之，北方寒冷之甚，当用暖炕火盆，怜悯救难痛苦，派选诚实之人，侍奉饮食调养，堂内俱要洁净殷勤，病身上下内衣，长宜汤洗替换，而无臭气冲人，倘若病重之，极请上客寮验清等件，开单入库，病愈照单付给，比此功德无量，天助善慈之恩，人皆敬也，若有弊者，同众公罚。

—老人堂：俱宜暖屋洁净，勿积秽浊薰众。凡住老人，此地有缘，年迈无能，全靠常住之衣食，派安勤俭慈惠之仁人，饭水等事，不辞劳苦，结缘功苦与人，修来生福寿于己也，倘有懒怠误事，合堂公议抽罚。

—云水堂：凡入堂道众，欲留住者，堂主寮房，观其端庄，查其言谈，学修养性，能干事者，报知客寮监院准之，得人为贵，即可转单，不实者不转。

—迎宾堂，凡挂单者，要衣冠整齐，问答是否，早晚课诵背熟写帖挂号，送上客堂盘问，或留不留，必交代清楚，恐其假装混入常住，不得不问。凡挂大号进出五日，挂小号进出三日，起单十日回者，挂单小号，若天雨大下，不催众单，雨不下路干能走消号，起单过三年，并未来着，复挂大号。①

首先，道教丛林通常拥有自己的常住田，这些常住田一般由佃户来耕种，再由宫观内的执事收租。因此必须约束宫观管理者与佃户之间的关系，以保证其对佃户不得徇私，具体规定是常住内的方丈、监院、执事、道众等人不许招收佃户为徒，不得私去佃户家做客，最多只许一、二人前往，违者察情处罚。

其次，关于丛林中的是非之事，小事先到寮房讲理，无法解决的，再到客堂讲理；大事则请总管、都管、监院公议。寮房内的执事在讲理过程中，要形容端正，不得粗言高声，先问清楚事情的缘由，再根据涉事者平时的言行举止，做出判断。如果其中涉事之人，执着不服，交由客堂公务办理。其中，不许执事徇私

① ［清］任永真：《三乘集要》，西安：西京克兴印书馆代印，1936年，第35—43页。

隐情、办公懈怠，或是教唆误事。

如果出现与丛林相关的讼案，或是和外部相关的讼案，由总理与知客出头顶案，实在无人，可在执事和道众中选人顶案。结案后，可根据讼案大小，给予顶案执事一、两串辛苦钱；若是和佃户相关的讼案，则由公务顶案，公务无能，再选其他执事顶案，结案后，同样给予辛苦钱答谢。

再者，执事待客之时，要形容端庄，不得有惹人耻笑的行为。常住有临近僧、道来客，可待客一桌用饭，由知客、知随轮流各一人作陪。为避免他人议论，对待官员、商贾等客人，不许执事作陪。

另有关于执事外出、告假之事，大执事需要上报监院，道众则向寮房告假，且有假期的详细规定。执事外出办理公务，由常住给予盘缠路费，但在外所得的财物须于回来时尽归丛林所用。

此外，还有关于圜堂、养症堂、老人堂、云水堂、迎客堂的管理规范。圜堂之内不准有烟火。如果有香客施给零钱，由堂内执事均分，如果有多余的，由客寮执事过称，三分自得，七分入公账。茅庵静坐得钱也依照此例。老人堂和养症堂分别用作养老、病之人，执事不得懒怠，要不辞辛苦，违者公议责罚。同时，还对云水堂和迎客堂的挂单及借单进行了详细的规定。

除对道教丛林内执事的管理行为加以规范外，针对执事的过失行为，丛林内也有相应的责罚办法，用以告诫执事们必须要维护好丛林内的管理秩序，不得有所扰乱。

第三节　道教丛林的修持与生活规制

清代道教主要分为全真道与正一道两大道派，全真道主张道士出家、清修、住观，尤为重视约束和规范道士的修持活动及日常生活。全真道的宫观一般分为子孙庙和十方丛林，入全真道者，先在子孙庙拜师投道，再由子孙庙推荐至十方丛林受戒，十方丛林只传戒，不收弟子。十方丛林属于本道派或道派中某个门派公有，凡是道教徒均有在此挂单居留的权利。因此，道教丛林中的道士一般都是来自全国各地，他们在出身、修养、学识上都可能存在着一定的差异性。再者，因全真道有住观修行的要求，丛林不仅是道士们进行修道活动的场所，也是他们日常生活的居所。为使十方丛林内的道众能够安然相处、互济互利，道教丛林制定了一系列的修持及生活制度约束和规范道士们行为举止，勉励他们共同修行精进。

元明之际的道士陆道和编集《全真清规》，包括指蒙规式、簪披次序、游方礼师、堂门戒腊、坐钵规式、祖师则例、三不起身、钵室赋、教主重阳帝君责罚榜、了真升堂文、长春真人规榜等内容。这本书基本涵盖了全真道士从投师出家至进入道教丛林的一般持行礼仪及清规。清初，全真道龙门派道士王常月为整顿道门，制定了全真道丛林内道众必须遵守的修持及生活规范，即《规矩须知》。此规范在后来有所增补，过去白云观内曾揭示于客堂，并有手抄本和刊刻本供道众阅览学习。以下本书将主要依据现存的《规矩须知》对清代全真宫观内道士的修持及生活制度作简要介绍。

一是丛林的挂单及朝谒规范。“单”一般指人，道士到其他宫观居住修行，该宫观负责接待，提供食宿，称为“挂单”。《规矩须知》规定：

> 凡全真挂单，始进名山丛林，宫观寺院，全凭规矩。先将蒲团放于客堂门首，与知客稽首坐谈。茶罢问对，何处发足，今欲何往？言真语实，观其动静送单。次日清晨梳洗毕，谒圣。沐手整衣，调息缓步，恭对并足参坛，不得正中参拜。若或坛心拜者，傍观识为斗子，即无殿主言责，究属自大，大众轻之。若因长途衣履不洁，止宜坛外傍参。或有八字立脚，双手合掌，以至头如冲罐，臂若大扒，或跪叩四五。或立揖二三。凡若此者。定是庸蠢之汉。①

古时挂单要求十分严格，《规矩须知》强调云游之人须随身携带七件宝物，即蒲团、衲衣、箪瓢、棕笠、棕扇、青囊、扁拐。挂单者不得诳语妄言、举止粗俗、衣履不洁，否则丛林有拒绝接单的权利。因此云游之人若想挂单，需要衣冠整洁、言语真实、虚心崇敬，接受丛林执事的考问方能通关。北京白云观云水堂的首领为堂主，主管监察挂单之人的持戒威仪、言谈、修学等事，如发现违规者，有催单的权利。同时，在丛林内，还设有号房，号房的首领为迎宾，负责考查和诘问挂单道友的真伪，防止不明的假冒人等混入常住内。关于挂单者朝谒的规定有：

> 凡全真朝谒，外则尊重威仪，内则冥心诚敬，注想凝

① 李养正：《新编北京白云观志》，北京：宗教文化出版社，2003 年，第 313 页。

神，端拱对阙，鞠不过眉，躬如满月，五体投地。拜不疾起，必待气足，然后兴身，须俟神清，如前再拜。更有三皈九叩之礼，稽首顿首之仪。若进钵堂，行十方礼，始从左旋而进，终从右旋而退。与大众作揖，堂主都管作揖，次揖典座茶头，此必上士。即有知宾来陪于客堂，先茶后饭，静室安单。其或礼貌不全，任其闲散，随堂茶饭，可于十方堂歇宿，以下士礼待之。①

上文提到北京白云观旧有十方堂和云水堂两个堂口，十方堂负责单日挂单的道友，云水堂则负责双日挂单的道友。但从礼貌周全的挂单者会受到丛林内的厚待，而礼仪不全者会被安排至十方堂歇宿来看，白云观的云水堂与十方堂可能还是存在一定的等级之分。

二是全真道士的服饰规范。《规矩须知》规定：

凡全真所戴之巾有九式。一曰唐巾，二曰冲和，三曰浩然，四曰逍遥，五曰紫阳，六曰一字，七曰纶巾，八曰三教，九曰九阳。

凡全真服色，惟青为主。青为东方甲乙木，泰卦之位。又为青龙生旺之气。是以东华帝君之后脉，寓有木青泰之喻言，隐藏全真性命双修之义也。一朝参公服顶黄冠，戴玄巾，服青袍，系黄绦，外穿鹤氅。足缠白袜，脚纳云霞朱履，取五行俱备之故耳。若宗律两师，加中单礼足，方谓合式。②

① 李养正：《新编北京白云观志》，北京：宗教文化出版社，2003年，第313页。
② 李养正：《新编北京白云观志》，北京：宗教文化出版社，2003年，第313页。

道教早期并无服饰定制，刘宋时期，道士陆修静依照古代衣冠之制结合道教斋戒需要，订立了道教的服饰仪制，收录在《陆先生道门科略》一书之中。至唐宋时期，道教的服饰制度已经趋于成熟。在继承和发展历代服饰制度的基础上，清代的全真道制定了有利于维护宗教秩序的服饰制度。

三是全真上供之物的规范。《规矩须知》主要涉及上殿献香、供水、供花等上供之物的规范。例如：

> 凡全真上殿，惟献香一刻，不论宾主，皆就炉前中跪。其礼节，盥手捧香，向上跪拱。继以左手献插炉内，香不离寸，且要齐匀平直，或以左手结止鹤诀，衔献上香，以天目书一心字，此初上香也。嗣以左手，结行鹤诀衔献，以天目书一诚字，此次上香也。又复以右手加结玉印，安于胸前，以左手结飞鹤诀衔献，以天目书一信字，此三上香也。每进上香，皆宜默念祝香咒。上香事毕，苟非观主，须即退归本位，谒诚叩礼。
>
> 凡全真供水，忌汲井泉，须于夜半子时，取溪河中洁净水，或用净布作帐，收取天泉，此更洁净也。
>
> 凡全真供花。忌献梗生镵刺，如月季荼蘼之类，其最上者，莫如莲梅兰桂，其次则桃杏菊棠、牡丹芍药。以外者皆非上品，但以其臭不恶，而其味堪以服食者，亦许采供。
>
> 凡全真香禁燃檀，违者重罪。①

上殿献香分初上香、次上香、三上香，每次上香要默念祝香咒，上香后要退回本位行叩首礼。同时，值得注意的是，全真道

① 李养正：《新编北京白云观志》，北京：宗教文化出版社，2003 年，第 316 页。

禁止燃烧檀香，违规者将被处以重罪。上供的水不得用井、泉之水，需要洁净的溪水。上供的鲜花以莲梅兰桂最佳，其次是桃杏菊棠、牡丹芍药，忌月季荼蘼之类。

四是全真道士的视听言谈规范。《规矩须知》对全真道士的视听言谈作了规范，即：

> 凡全真视听，各有威仪戒忌。如阅经典，当端坐体认。不得辄指日月霓虹，不得久视日月云汉，不得视外教书，不得视小说传奇闲杂书……不得言人过失，不得言士俗家务，不得言朝廷官府事，不得言闺闱事，不得言为媒为保事，不得非时言道法，不得与妇人低声密语，不得与少年子弟笑谈戏语。饮食时不得言语，寝息时不得言语。有亲友来访，不得在法堂久坐交谈。当在林下水边，方可倾心讲论。质疑询道，当礼拜致敬……对士俗，不得言炉火黄白术，不得言彼家术，不得言符咒幻术，不得诃风骂雨，不得言一切旁门邪术，不得言外教优劣。①

总之，全真道士在日常生活中，须“慎言”，不得高声谈论，不得言及教外世俗之事，且勿谈国事，这大概是遵循《道德经》中“大音希声”的道理。

五是全真道士的行、住、坐、卧等日常行止的规范。总的来说就是：

> 凡全真行住坐卧，俱有约规，问答讲谈，胥有起止。要必坐如镛钟，卧如弯弓，行如清风，立如苍松，出声如病夫

① 李养正：《新编北京白云观志》，北京：宗教文化出版社，2003 年，第 317—318 页。

处子，举动如雅士寒儒。问一答一，须按故典而谈，导暗指迷，莫搀无据之说。若或行如风柳，坐如垂莲，或擅言邦国之事，讪谤释氏之学。或求问大道，拉杂傍门，诳惑遇人，自尊饱学，其必无师指授，道听途说之流，冒充全真，出于化外之类。此谓之三教毛、四不像。若或衣冠礼貌，不合规矩者，名曰两头蛮。若有着相异端，装模做样者，此不肖之佞人也。①

除此之外，《规矩须知》中还有专门小节详细地说明了有关全真出行、起立、坐卧的威仪戒忌，即：

凡全真出行，各有威仪戒忌。如入法堂，行要安详舒徐，有人阅经，不得在彼案前经行。有人礼拜，不得近彼头前经行。入观宇，不得行中央，当缘或左或右行。随师行，当低头随师行，不得左右顾盼，不得在道傍久共人语。不得驰行，不得掉臂手，不得与少年道俗谈笑同行。不得在女人前后互随行，不得与醉汉狂夫前后互随行。随师行若偶分行，期会处，不得后时。凡遇官府，不论大小宜回避。年少戒行未坚，不得远方游行，必欲参师访道。当择贤侣，不得与不肖匪人同行。

凡全真起立，各有威仪戒忌。不得偏任一足及倚桌靠壁……儒《礼》云："君子问更端，则起而对。"

凡全真坐卧，各有威仪戒忌。如看阅经典，不得箕踞。当焚香正襟危坐，不得当圣像坐。坐功依师传授，按时静坐，不得失次。对师长不得坐功，对宾客不得坐功。夜中宜

① 李养正：《新编北京白云观志》，北京：宗教文化出版社，2003年，第314页。

多坐少卧。不得近妇人坐，不得与女冠同坐。如女冠来问道，开示毕，即遣归，不得久留坐。与人并坐，不得横肱，不得架腿竖膝、交股摇身。静坐约一时，或经行，或卧。凡卧，宜侧体屈足，醒则舒，不得偃仰卧，不得俗友同房卧。或同房，不得同榻卧。师未卧，不得先卧。不得无故辄移他房卧。已卧不得言语，不得脱小衣卧，不得于非处卧。临卧携火入房，须与同房者知云，火入。欲熄火，亦与知云，更用灯否？大暑不得伏地卧，不得露卧，不得昼卧，不得饱食便卧。不得置火枕边，不得携秽器从法堂前过。晨起先左足下床。临卧时咒曰："太真玉女，侍真卫魂，三宫金童，来守生门。"卧醒时咒曰："当愿众生，以迷入觉，一日豁然。"下床时咒曰："化恶反善，上书三光，使我长生，乘景驾云。"①

六是全真道士的修持规范。《规矩须知》中涉及道士修持内容的有内修与外修、诵经、习经等规范。王常月仿照儒家的"四书五经"制定了全真道士内、外修的"四书五经"，其中，内修之五经是《阴符经》《道德经》《黄庭经》《清静经》《龙虎经》，四书是《参同契》《悟真篇》《三皇玉诀》《青华秘文》；外修之五经则是《玉皇经》《度人经》《玉枢经》《三官经》《斗母经》，四书是《生神章》《祭炼仪》《祈祷仪》《千金方》。此外，在诵经时，还要遵守：

全真诵经以和为尚，以诚为宗。一心不二，如身入皓月

① 李养正：《新编北京白云观志》，北京：宗教文化出版社，2003年，第319—320页。

> 之中，空空洞洞，不见不闻，字字句句，皆由心出。如不出声，对经默看，必要字字从天目中印出，方为合法。苟惟音调动人听闻，此系应门腔派，尤非全真所尚也。①

并强调全真道士未习戒本者不得习经法，既入戒之人，在阅读戒本之时，需要焚香礼拜，不得让他人盗看，也不能为应付，专拣经典学习。

七是全真道士的饮食规范。关于全真宫观内的饮食规范，《规矩须知》有：

> 凡全真饮食，各有威仪戒忌。如凡斋会，先致敬供奉圣真，大众端庄齐立，诵《灵书中篇》。毕，末座出生于众生盘内，诵偈云："汝等鬼神众，我今施汝供，一粒遍十方，河沙鬼神共。唵吽灵娑诃。"（三遍）出生饭不过七粒，麵不过一寸，馒头不过指甲许，余饮食蔬菜不出生。食时微咒曰："五星之炁，六甲六精，三真天仓，清云常盈，黄父赤子，守中无倾。"饮时微咒曰："神水入腹。五脏清明。"凡饮食时，不得笑语，不得含食语，不得呵食好恶，不得搔首，不得刺齿，欲刺齿以袖掩口。不得啮食有声，不得作口容，不得咂舌有声，不得不逊恣食，不得已历己口复反盘内。饭中有谷，当去皮食之，不得弃地。饮食中有虫蚁，宜密去之，不得令众知。食竟，不得更离座食。放碗箸不得有声。不得偏众食，不得见美味生贪公怨食。凡同众食，不得太迟，不得太速，举箸放箸，不在师长前。行食未至，不得

① 李养正：《新编北京白云观志》，北京：宗教文化出版社，2003 年，第 315—316 页。

生烦恼，不得大声呼唤。时常饮食，不得失仪。有失仪者，不得非笑。饮食毕，击磬，听大众经行。(增) 不得吸食鸦片烟。①

凡全真宴客，菜丰不过五簋，未昏即散，让菜以茶。至敬以露，如玫瑰、荷花、金银、松柏、苗叶、菊叶等露是也。

凡全真过咸不食，菜毋兼味，食时不语，食后忌坐，尤忌饭饱时即诵经礼拜，故凡欲诵经礼拜者，须刻线香半炷为度。②

以上均是有关全真道士饮食的礼仪规范，其中，过咸不食、食后忌坐，忌饱腹诵经礼拜等规定体现了道家饮食中隐藏的的养生文化。不得吸食鸦片烟，应为清代后期附加的规范。同时，《规矩须知》“三不起”的禁忌中也包含有斋堂受斋时，客来不起身的规定。现存的清代陕西留侯张良庙的《三乘集要》记载的斋堂座位排班定局为：

方丈 (侍者两名)、监院 (知随两名)

总理、高功、经主、殿主、静主、都讲、主翰、书记、账房、海巡、迎宾、知客

都管、提科、表白、化主、堂主、都厨、典造、公务、库头、监修、巡寮、巡照③

① 李养正：《新编北京白云观志》，北京：宗教文化出版社，2003 年，第 318—319 页。

② 李养正：《新编北京白云观志》，北京：宗教文化出版社，2003 年，第 316 页。

③ [清] 任永真：《三乘集要》，西安：西京克兴印书馆代印，1936 年，第 20 页。

并规定：“若有重执事者并坐或排班必依次序，或上殿亦如是。”① 在斋堂用餐时，道士与俗人吃饭有所差别，道士每饭必先供养，要思“十方供养，来之不易，无功享用，惟恐罪过”。故饭前须上供出食，以行神、人、鬼普同供养，是为结“三缘”之举。如北京白云观在举筷前要先举行进斋仪式，即“由知客领众向王灵官神像献祭，以饭菜敬献于供案上，接着由经师领众诵《供养咒》”：

> 供养三天教主，清净法身，满空圣众，无量群真。黍米一粒，云厨宝鼎，烹爨法馔，异香满空。广被十方，照临大众，法界人天，普同供养。志心称念，香厨妙供天尊不可思议功德。一粒佳谷，一滴清泉，不忍自食，施与孤魂，受吾供者，皆赖道恩。惟道威灵，觉性长存。汝等孤魂众，吾今施于供，一粒遍十方，河沙鬼神用。生天得道尊。②

仪式完毕后，道众开始进餐，餐中，可静待添加饭菜。食毕，将筷直置于两碗中间，以示意吃毕。待道众均已吃饱后，由经师击引磬念《结斋咒》：“斋供已毕，各发诚心，猛勇精进，证圣成真，志心称念福生无量天尊不可思功德。”③ 然后，道众全体起立，向堂上一辑，按照进堂时的次序，两两依次退堂。

《三乘集要》一书中，对道众的过堂的要求是道众过堂时，要遵守威仪端正，道装齐整，形容端庄，鸦雀无声，不得失仪，违者罚跪香、小食。即：

---

① ［清］任永真：《三乘集要》，西安：西京克兴印书馆代印，1936 年，第 20 页。
② 李养正：《新编北京白云观志》，北京：宗教文化出版社，2003 年，第 524 页。
③ 闵智亭：《玄门日诵早晚功课经注》，北京：宗教文化出版社，2000 年，第 34 页。

凡过堂，务必衣冠齐整，礼貌端庄，应供理宜诚心清餐当思祖业，不得言语声音，不得碗象落箸，倘有违规失仪者，签罚跪香，大执事罚小食。道众全过堂，只留看守门户，宜为威仪。①

八是全真的卫生规范。《规矩须知》中有：

凡全真盥漱，各有威仪戒忌。如盥漱吐水，当徐徐引下，不得高声呕吐涕唾。夏月盥器当覆，不令生虫。弃不净水，不得当路，当低低泼下，不得高手扬泼，溅人衣上。不得热汤泼地。内衣宜频浣，有虮虱宜先扪去。发宜多栉，积发多，乃焚僻静处，不得顿房内壁缝。法堂中、圣像前，不得盥漱。刺齿唾涕，当在僻静处，亦不得对北唾涕。有疮癣当避人，不得盥漱共器。有可畏疮痏，不得刺人目。②

凡洗菜，当三易水。凡汲水，当先洗手，又当谛视有虫无虫，绢滤过方用。严冬不得早滤水，须待日出。爨不得燃腐薪。凡作食，当三澡水。不得带爪甲。扫地当先洒水，每方五尺作一次，不得扬尘扫，不得逆风扫，不得聚灰土于门扇后。③

这里的卫生规范主要包括个人的卫生，如盥漱的要求，以及宫观内道士劳作时，尤其是制做饮食时的卫生要求。可见清代全真道对宫观内的卫生要求还是很高的。

在清代，全真道作为道教之中，主张道士出家、清修、住观

① ［清］任永真：《三乘集要》，西安：西京克兴印书馆代印，1936 年，第 20 页。
② 李养正：《新编北京白云观志》，北京：宗教文化出版社，2003 年，第 318 页。
③ 李养正：《新编北京白云观志》，北京：宗教文化出版社，2003 年，第 320 页。

的一个道派，其尤为重视自身约束，在道教内部事务管理的发展方面有着突出的贡献。这些贡献主要体现在道教丛林组织制度、生活及修持制度的制定和实施之中。十方丛林在性质上是道众公有制的组织，凡属十方丛林的宫观，其产业均为全国道教徒所公有，人人皆可有挂单常住的权利，同样，人人都有保护的义务。丛林内的道众可均分得到十方丛林的财物，道众均可以参与到丛林的管理之中，均有可能被选为各等执事，参加丛林内部的事务、劳动生产、经济分配及消费管理。同时，由于道教丛林也是全真道士修持和生活的居所，为维持正常的宗教活动秩序以及道众集体的生活秩序，必然需要制定一些修持及生活方面的规范，来约束道众，促进丛林的健康发展。清初，王常月在总结前代道教科戒的基础上，融入了儒、释两家的思想，结合当时的教内情况制定而出的《规矩须知》，体现了道教历来崇尚“见素抱朴”“清静无为”“慈俭不争”等道家思想。清代道教内的组织、修持及生活规范，对今天道教的内部管理依然有着重要影响及借鉴意义。

第六章　清代的道教戒律与清规

对道教教团而言，为保证内部组织有序的运作，必须要有宗教纪律来规范道士的行为举止，这就是道教戒律。戒，有警戒、规戒的意思；律，有律令、律例意思。故戒律既有事前的警戒之义，也有事后处罚之义，它是道士必须遵守的思想行为准则，一旦违犯就会受到相应的惩罚。道士之所以重视戒律，是因为道教认为它是道士得道的必备条件，学道不受戒则无缘登仙。

在道教创立之初，太平道和天师道都有各自的“道诫”，用来稳定道教的组织建设，约束道教徒的行为举止。早期道教经典《太平经》中，就已经出现了针对孝、财、色等事项的戒律。《老子想尔注》中则有：“道贵中和，当中和行之；志意不可盈溢，违道诫”①，“人欲举动，勿违道诫，不可得伤王气”②。道教在初创时期，为维持教团组织内的稳定，其戒律多具有针对

① 《老子道德经想尔注》，《藏外道书》，成都：巴蜀书社，1994 年，第 21 册，第 273 页。

② 《老子道德经想尔注》，《藏外道书》，成都：巴蜀书社，1994 年，第 21 册，第 285 页。

性，简单易行，易被教徒接受与传播。张鲁率道众北迁后，使得原本偏居西南一隅的天师道拥有了更为广阔的传播空间，但教内也出现了组织涣散、科律废弛等诸多问题。魏晋时期，曾有张天师的后代著有《正一法文天师教戒经》，天师道欲借此经书达到复兴的目的，只可惜效果甚微。到南北朝时，问题愈发严重起来，整顿和改革旧天师道变得刻不容缓。道士寇谦之在吸收儒家伦理纲常的基础上，作《老君音诵诫经》，其内容主要包括有整治祭酒、道官，制定管理道民的教规、教诫，增订斋醮科仪，规定道书书写规范，贬斥民间道教活动等。至唐宋时期，道教戒律趋于成熟，有关道士戒条的著作十分丰富。以道士张万福的著作为例，他的《三洞众戒文》《传授三洞经戒法箓略说》《三洞法服科戒文》等道教戒律书籍，共记载了唐代道士所受的三归戒、老君五戒、八戒等十六种戒。又有道士朱法满著《要修科仪戒律钞》，它是道教的各种科仪戒律的类抄。北宋道士张君房修纂的《云笈七签》收录了大量北宋以前的道教戒律，是宋代道教戒律的集大成者。

南宋偏安，与金、元对峙，中国大地再次出现了南北分治的局面，在此历史背景之下，道教出现了新的发展格局，诸多新兴宗派纷纷而起。其中，南方以符箓三山为主，又有金丹派南宗、神霄、清微、净明、天心正法等派。北方则形成了太一教、大道教、全真道三大道派。至元中后期，全真道逐渐成为北方道教的发展中心，龙虎山的天师道则逐渐成为南方道教的发展中心。

元明之际，全真道士陆道和编《全真清规》，此书共有十二篇，涉及内容有全真道的部分戒规、礼仪、杂文等，收入其中的《教主重阳帝君责罚榜》共列出十条道士违犯清规后的处罚条例，对后世道教的清规榜影响深远。此外，在明代，龙虎山天师道第四十三代天师张宇初著《道门十规》，提出十条整改正一道的清规戒条，其中，创立庵舍、结识道伴共同修行、持钵乞食、云游天下、拜访明师等内容，可以在全真道早期的《重阳立教十五论》等规范性文本中找到出处。张宇初本人希望通过提倡这种苦行的修炼方式，改变当时正一道乃至整个道教内部出现的追求享乐、腐朽堕落的风气。

第一节　清代的道教戒律

道教认为：不持戒，道无由得。对道教来说，戒律不仅仅是个人修行的根本，也是道教教团组织正常运作的重要保证。可以说，道教戒律的繁简演化及践行程度是道教兴衰的表征。戒律松弛也是道教在明清之际日渐式微的原因之一。为扭转道门颓败的风气，清初的一些道教有识之士如王常月、张清夜、董清奇等人都决心从加强道教戒律建设的角度整顿道教内部的不良风气，这对于全真道在清代的中兴起到了非常重要的作用，稳定了全真教团的发展。

一　王常月的《碧苑坛经》与《初真戒律》

明末至清初，全真道玄风颓败，邪说流行，其发展相对沉寂。王常月在《碧苑坛经》中说：

只因七真阐教之后，教相衰微。戒律威仪，四百年不显于世。皆因教门之中未曾有人担当其任，所以把这照路的天灯，不曾剔明。使修行之人，昏暗难行，扶身的拄杖抛开，使向上者，失其把柄，怪不得旁门邪教，反通行于天下，清静解脱，光明正大之道，反寂莫不闻。今幸道运当兴，遭逢盛世。上有皇上福庇，天下太平；又有官宰善信，教中护法。又有檀越布施，衣钵巾规，现成制就，这便是千生难遇，盛世希逢。①

针对当时教团的积弊，龙门派第七代律师王常月以振兴和光复全真道为己任，对龙门派的戒律进行清整，强调以精严戒行为先、明心见性为主，重新修订“三坛大戒”，公开设坛传戒度人。

王常月（？—1680），名常月，号昆阳，山西潞安府长治县人，明末清初的著名的全真道龙门派道士。弱冠之年，有出尘之心，遍历名山，参求大道，至王屋山拜见全真道龙门派第六代律师赵真嵩，虚心求教，请其指点。起初赵真嵩并未答应，后见其拜求恳切，方收为徒，命名为常月，授以戒律心法，并嘱咐他摒除各种俗务，潜修经典，依律持戒，自然能体会到道德自然之奥妙。在受教于赵真嵩后，王常月开始博览三教典籍，研修仙道，访遍名山。多年后，他来到九宫山，再次遇见其师赵真嵩。赵真嵩问他这些年来的所失所得，王常月答以玄风颓败，邪说流行，请求其振拔全真道。赵真嵩给予的答复是：“君子穷于道之谓穷，通于道之谓通。道备我身，何忧穷通？若违十妄行，安能免

① ［清］王常月：《碧苑坛经》，《藏外道书》，成都：巴蜀书社，1992 年，第 10 册，第 168 页。

世俗之谤议、匪类之妒忌哉？吾有三百年独任之事，当付于子，宝而秘之，时至而兴，大阐元风，是在子矣。”① 遂将《天仙大戒》秘授于他，并告知二十年后，当王常月云游至北京白云观时，就是道行之日。《金盖心灯》记载王常月在拜别赵真嵩之后，隐居于华山拜斗台。据传清顺治年间，王常月曾在北京灵佑宫挂单，后至白云观传戒。关于王常月的传戒活动，龙起潜在《初真戒律》序中说：“昆阳王老师，得戒法于复阳赵真人，当世祖章皇帝时，于京都白云观，设立戒坛，传戒演钵，一时授受弟子千有余人。嗣而移舄，广演于江浙间，声教四溢。昔余识师于江南之隐仙庵，私心已尸祝之矣。因狂心未歇，难遽投拜。今朝谒武当，幸遇师传戒于玉虚宫中，遂发心皈命而受持戒律。”② 王常月所收弟子众多，大部分弟子在江南等地开山传教，这对全真道在江南的盛行产生了重要且深远的影响。

据《碧苑坛经》记载，康熙二年（1662），王常月在南京碧苑开坛说戒，演教谈经，目的在于“今将授汝，正以接引愚迷，阐明正法”③，传戒内容被弟子施守平辑录为《碧苑坛经》。《碧苑坛经》又称《龙门心法》，北京白云观在同治十年（1817）出资刊行，《碧苑坛经》现存于闵一得的《古书隐楼藏书》中，是闵一得的修订本。《碧苑坛经》与《龙门心法》的宗旨和内容基本一致，在结构上略有不同。《碧苑坛经》全书共22篇，其中

---

① ［清］闵一得：《金盖心灯》，《藏外道书》，成都：巴蜀书社，1994年，第31册，第183页。

② ［清］王常月：《初真戒律》，《藏外道书》，成都：巴蜀书社，1992年，第12册，第14页。

③ ［清］王常月：《碧苑坛经》，《藏外道书》，成都：巴蜀书社，1992年，第10册，第159页。

“戒行精严”篇集中体现了王常月的戒律思想。王常月本人见“近日元风不振，戒律多弛，道化颓靡，黄冠失教，屡屡受教羽流，多有违条犯戒。吾今不惜苦口，告诫叮咛，奉劝大众”①，故在碧坛向修道之人强调“戒”的重要性。王常月本人对“戒”有着深刻认识，他说：

> 这个戒字，是降魔之杵，能镇压妖邪；是护命之符，能增延福寿；是升天之梯，能朝礼三清而超凡入圣；是引路之灯，能消除六欲而破暗除昏；是仙舟宝筏，能渡众生离苦海；是慈航津梁，能济众生出爱河。诚修行人之保障，为进道之提纲。仙圣无门，皆从戒入；圣贤有路，皆自戒行。实系仙真之要路通衢，贤哲之中门正道。②

为避免徒费功夫的修行，道士必须要在未兆之前，做提防之计，这就是戒。因没有仔细参详“戒”这个字，故很多已受戒之人，仍是无知之徒。既然已经受戒，就应当对戒有所追求。他认为持戒的关键在于心，即：

> 持戒在心，如持物在手，手中之物，一放即失，心中之戒，一放即破。世间王法律例，犯则招刑；天上道法，女青之律，犯则受报。莫道阴司冥而不见，生生死死，只在你心；莫说戒神幽而不显，出出入入，只在尔念。戒行精严四字，降心顺道，唤作戒；忍耐行持，唤作行；一丝不杂唤作

① ［清］王常月：《碧苑坛经》，《藏外道书》，成都：巴蜀书社，1992年，第10册，第163页。

② ［清］王常月：《碧苑坛经》，《藏外道书》，成都：巴蜀书社，1992年，第10册，第168页。

精；一毫不犯，唤作严；始终不变，唤作持戒；穷困不移，唤作守戒。①

清初，王常月作为全真道戒律的革新者和集大成者，在吸收以往各种思想和伦理规制的基础上，修订出全真道传戒的规范性文字——“三坛大戒”，即《初真戒》《中级戒》及《天仙戒》，这三本道经均被收入清代彭定求编的《重刊道藏辑要》张集，后被收入《藏外道书》第12册。

其中，《初真戒律》是王常月本人所著。初真戒是道教入道者必须遵守的金科玉律，是入道的门户，是修道的起点。在《初真戒律》开篇，王常月要求初入法门之人，首先要做到“三皈五戒”，所谓三皈依，即第一皈身太上无极大道，第二皈神三十六部尊经，第三皈命玄中大法师；五戒，即不杀生，不荤酒，不口是心非，不偷盗，不邪淫。在王常月看来，持守“三皈五戒”是入戒的入门要求。达到“三皈五戒”后，道众每天早晨焚香诵读《太上三元三品三官大帝护国佑民延生保命真经》及《太上感应篇》，通过逐日的诵经，可以获得对自心的校正。这实质是通过诵经这种宗教仪式，道教徒的行为和内心可达到一致，以达到强化其宗教信仰的目的。在做到能持守五戒之后，方许道士受初真十戒。其内容为：

第一戒者，不得不忠不孝，不仁不信，当尽节君亲，推成万物。

第二戒者，不得阴贼潜谋，害物利己，当行阴德，广济

① ［清］王常月：《碧苑坛经》，《藏外道书》，成都：巴蜀书社，1992年，第10册，第169页。

群生。

第三戒者，不得杀害含生，以充滋味，当行慈惠，以及昆虫。

第四戒者，不得淫邪败真，秽慢灵气，当守贞操，使无缺犯。

第五戒者，不得败人成功，离入骨肉，当以道助物，令九族雍和。

第六戒者，不得谗毁贤良，露才扬己，当称人之美善，不自伐其功能。

第七戒者，不得饮酒食肉，犯律违禁，当调和气性，专务清虚。

第八戒者，不得贪求无厌，积财不散，当行节俭，惠恤贫穷。

第九戒者，不得交游非贤，居处秽杂，当慕胜己，栖集清虚。

第十戒者，不得轻忽言笑，举动非真，当持重寡辞，以道德为务。

这十戒，托虚皇天尊所命，能做到者，天神护佑，永脱一切苦恼。①

这十戒是全真道士需要洁身戒行的道德规范，是其修道养性的前提，警示全真道士不得忠孝仁信，损人利己，谗言忠良，杀生贪婪，淫邪败真，饮酒食肉，所交非贤，轻忽言笑等。全真道

① ［清］王常月：《初真戒律》，《藏外道书》，成都：巴蜀书社，1992 年，第 12 册，第 21 页。

士应当做到与人为善，广施阴德，普济群生，顿息尘缘，断绝色欲，合得之财，随分取可，不陷于贪求无厌之欲。行初真十戒的目的在于树立道心，弘道立德。行“十戒”的人，则心领神会，精神分明，修道积德之第一步成矣。

另外，王常月还专门为道姑和信女制定了《女真九戒》，其内容如下：

> 一曰，孝敬柔和，慎言不妒。
> 二曰，贞洁持身，离诸秽行。
> 三曰，惜诸物命，慈愍不杀。
> 四曰，礼诵勤慎，断绝荤酒。
> 五曰，衣具质素，不事华饰。
> 六曰，调适性情，不生烦恼。
> 七曰，不得数赴斋会。
> 八曰，不得虐使奴仆。
> 九曰，不得窃取人物。①

王常月说，若是道姑及信女能行持《女真九戒》，不退步者，可以达到不经历地狱之苦，下世必生于十善之家；能精进者，则能圆成戒果，名登紫府，位列仙班。

在受初真十戒后，修道之人唯有谨慎言行，不犯过错，方能再受中极三百大戒。《中极戒》全名为《中级上清洞真智慧观身大戒经》，实则是抄自南梁间的《洞真智慧观身大戒文》三百戒条。《中级戒》的三百条戒文所包含的内容十分繁杂，对全真道

① ［清］王常月：《初真戒律》，《藏外道书》，成都：巴蜀书社，1992年，第12册，第21页。

士的正念修持以至接人待物，都有种种规定。其中不少规戒与儒家伦理纲常相一致，如不得不忠不孝、欺负弱小及慢待老人等内容，这些基本属于社会公德领域。还有一些大家耳熟能详的戒律，如不得杀生、不得饮酒食荤、不得谩骂、不得邪淫、不得偷盗等。其中，尤为强调受戒之人不得违经教科戒禁律，以意增减经戒。道众受中级戒后，不得始勤终怠，要誓愿遵戒奉行，方可称为“妙德师”，并可为“证盟大师”和“监戒大师”。

全真道最高层次的戒是清乾隆年间的柳守元撰《三坛圆满天仙大戒》，它是三坛圆满中最后一个大戒。持中极戒满三年，方可授天仙大戒。丁培仁认为：

> 其书言登坛受戒仪及诸戒，杂引《洞玄灵宝业报因缘经》《太上虚皇四十九章经》《洞玄灵宝三元无量寿经》《玉皇本行集经》《碧玉真宫大戒规》《太微灵书紫文仙忌上经》《孚佑帝君十戒功过格》，戒条多出于其中，并要求大众同持《太上常清常静真经》《高上玉皇心印妙经》《警化孚佑上帝纯阳吕祖天师心经》《无极至道冲虚太妙金玉玄经》《无极至道冲虚太妙金玉玄经》各一遍。①

由此可知，全真道的戒律也承袭了以往其他教派的规戒条文。《天仙大戒》托称是元始天尊为无戒真人演说之法，为“无上妙门飞升宝筏”，并特命诸法子，将天仙大戒秘旨传示于人间，以作三坛圆满功德。上仙共有九品，分别为混元无始金仙、洞元太初金仙、灵元造化真仙、天仙、地仙、水仙、神仙、人仙、鬼仙。若想修得上仙境界，有志之士必须要“皈诚学道，

① 丁培仁：《道教戒律书考要》，《宗教学研究》，2006 年第 2 期。

断诸邪障，清静六根。当由初真，中极戒律，谨慎修行，至天仙大戒”①。在《天仙大戒》中，包括有二十七种不可称量，分别为远身行法不可称量、离口过法不可称量、除恶想法不可称量、拔逮根法不可称量、绝声色法不可称量、俭爱欲法不可称量、放玩习法不可称量、洗垢秽法不可称量、无昏惑法不可称量、不淫想法不可称量、不疑空法不可称量、平好丑法不可称量、不邪还法不可称量、常住无法不可称量、绝心想法不可称量、习悉意法不可称量、善防言法不可称量、不乱转法不可称量、不悟念法不可称量、不彼念法不可称量、不悠想法不可称量、无常定法不可称量、无常的法不可称量、无常顾法不可称量、不追怀法不可称量、无犹豫法不可称量、忍不可忍法不可称量，其中每一种不可称量之中又包含有十个不可称量，共计有二百七十个不可称量。这二百七十个不可称量即是《天仙大戒》中的二百七十个戒条。受此戒者，还要依教奉行不杀微命、不起淫意、不生净念、不盗一芥、不欺一愚、敦行尽力、语言无妄、千魔不转、宏发愿力、事圣不倦这十戒功过格，心戒方可得。

道士受三坛大戒后，可以取得不同法位，受初真戒者为妙行师，受中极戒者为妙德师，受天仙戒者为妙道师。王常月在《碧苑坛经》中，将三坛大戒的功用总结为：

> 大众，你受的乃初真十戒，乃是教你们拘制色身，乘风破浪，不许妄动胡行，起止无常的。至中极三百大戒，乃是教你们降伏顽心，不许妄想胡思，七心八意的。至天仙妙戒，乃是教你们解脱真意，不许执著粘缚的。大众，初真十

① ［清］彭定求：《道藏辑要》，成都二仙庵，1906年。

戒粗，中极三百便细了。夫初真戒，制其外六根，中极戒扫其内六尘，天仙妙戒，使三身解脱，八识消亡，九魔十难不敢侵犯。①

正因为三坛大戒有如此大的功用，所以王常月才更加强调戒行精严的重要性，他对戒行精严的解释为："戒行精严四字，降心顺道，唤作戒；忍耐行持，唤作行；一丝不杂唤作精；一毫不犯，唤作严；始终不变，唤作持戒；穷困不移，唤作守戒。"②

和唐宋时期名目繁多的戒目相比，全真道的三坛大戒，其条文要义颇为简单易记。高万桑认为经过修订后的三坛大戒是："道士生活伦理标准的基础文本，也是所有全真道士都要遵守的唯一一种规范性文本。各地会将这些戒律编印成册，传戒仪式上传戒师会把它们和登真箓以及一些其他资料（具体内容因不同的传戒仪式而各异）一并办法给戒子。"③ 自王常月重整全真道风之后，作为律坛楷模的初真戒、中极戒、天仙戒，遂成了全真道士持身修道之规范，积功累行之径路。

二　张清夜与《玄门戒白》

张清夜（1676—1763），道人名尊，字自牧，吴之长洲（今江苏苏州）人。曾为诸生，年少不得志，遂游历四方，雍正元

① ［清］王常月：《碧苑坛经》，《藏外道书》，成都：巴蜀书社，1992年，第10册，第180页。

② ［清］王常月：《碧苑坛经》，《藏外道书》，成都：巴蜀书社，1992年，第10册，第169页。

③ ［法］高万桑：《1700～1950年的全真教》，张广保编，宋学立译：《多重视野下的西方全真教研究》，济南：齐鲁书社，2013年，第402页。

年（1723）溯江入蜀，居成都临江寺惜字宫，雍正七年（1729）住持成都武侯祠事，乾隆八年（1743），华阳令安洪德与成都令夏绍欲请张清夜住持青羊宫事，其以年老推辞，推荐其徒汪一萃修复青羊宫。其本人也经常往来于武侯祠与青羊宫之间。历经二年时间，青羊宫被改为道教十方丛林，道众闻声云集于此，全真清规得以复振。乾隆十一年（1746），张清夜撰写《玄门戒白》，此文为清代全真道龙门派戒律思想的代表作之一。

张清夜撰写《玄门戒白》，乃是有感于当时教门普遍出现的不良现象，他说：

> 近世师愈多而道愈歧，德愈薄而心愈昧，或偏执一隅，至死不回；或首鼠两端，终身罔济；或借疯颠以欺人，逾闲荡检；或假黄白而蛊众，灭理欺心。无怪牛毛学道，兔角成仙，甚至藁葬郊原，横填沟壑，恶风相继，举世知非，仙派源流，于今几绝。为劝方来，各宜猛省，急早回头。①

为了改变这种道风颓败的局面，张清夜对道士进行了劝诫，提出了“正纲常”的观点，希望用儒家的孝、悌、忠、信的伦理纲常思想来制约和提高道士品行，他认为：

> 步步踏矩循规，事事敦伦饬纪。尽力乎孝悌忠信，黾勉乎礼义廉耻。须知大道出自纲常，纲常外无大道，广行方便，多积阴功，庶几修内丹者龙虎伏而鬼神钦，专炉火者魔障消而福缘凑。准是以求，得同操券；爰兹而取，易若探囊。谓不信者，请质心于三清圣人，如涉是诬，愿投灵于四

① 蒙文通：《蒙文通文集·道书辑校十种》第6卷，成都：巴蜀书社，2001年，第1200—1201页。

生别壳。[①]

此外，异端邪说也是问题产生的重要原因，故张清夜还主张要匡正学术，以先圣的经典学说为标准，即："他异端邪说，皆因传者之讹，至若惑世诬民，盖缘学之不正。且《道德》五千言，总以清静为宗，《金丹四百字》，惟期守正式务，《参同契》《悟真篇》，并未及役鬼驱神，《心印经》《青华录》何尝是烧茅炼汞，无论功修内外，胥依德行浅深，若圣石《指玄篇》、崔公《入药镜》，字字专精似金碧，《龙虎经》《铜符铁卷文》，言言的确，只因心别公私，以致事有成败，而乃归咎先师，流浪尘劫；永无出期，宁不悲哉！"[②]

三　董清奇与《除欲究本》

董清奇是清代著名的全真道道士，其为河南邓州人，生卒年不详，因赤足云游四方，故号为赤脚道人或乞化道人，世人也称其为赤脚董仙人。清初陕西八仙庵，由道士任天然复建，创十方丛林之制，但不久之后，由不良道士住持，八仙庵一度改制为子孙庙。嘉庆八年（1803），董清奇在西安西南的会真庵修道，道众力请其前往八仙庵住持。历时两年之久，八仙庵重新成为道教的十方丛林，再度开坛传戒，董清奇担任八仙庵方丈。嘉庆十八年（1813），董清奇在官绅商庶的资助下，刊印了木刻板的《除

① 蒙文通：《蒙文通文集·道书辑校十种》第6卷，成都：巴蜀书社，2001年，第1201页。

② 蒙文通：《蒙文通文集·道书辑校十种》第6卷，成都：巴蜀书社，2001年，第1200页。

欲究本》。《除欲究本》集中体现了董清奇本人对道教修道思想的体悟，旨在用俚语奉劝世人，弘扬道法，“若能醒悟改邪归正，浅行者，消灾致祥，不遭横祸；深行者，修身养德，神人钦敬；行于至善者，成仙证祖，皆不出此关键尔”①。

《除欲究本》共有六卷，从文体形式来看，第一卷与第六卷为诗文，第一卷内有四言诗、五言诗、六言诗、七言诗，按次序排列，第六卷则主要是一些杂言诗；第二卷至第五卷的内容主要是董清奇根据游方在外的所见所闻，撰写的叙事散文、见闻杂记及宗教故事，这些故事各有长短，间杂一些诗歌。董清奇这本著作的书名“除欲究本”，这就是该书想要表达的核心思想。从书中的内容来看，这并不是完全是给教内人士阅读的书籍，其中，很多内容都是在劝导世人除贪欲、保本真。但董清奇刊印此书时，恰好是在其担任西安八仙庵方丈期间，所以《除欲究本》肯定也是面向道众的一本有关道教戒律方面的著作。

虽然《除欲究本》所包含的道教思想相当丰富，但本书这里主要分析董清奇在道教戒律方面的阐释。在清初王常月“明心见性”为主的教旨和教风的影响下，清代全真道各丛林均在道士的修持方面强调要以“修心炼性”为首务。董清奇的《除欲究本》中的思想实际上就是这一思想的延伸，他认为修道之人在修行之前，必须要先除欲，即：“修行不除欲，总是走旁门。欲是心中害，留它是病根。”② 据该书的内容来看，董清奇

① ［清］董清奇：《除欲究本》，西安：陕西会真庵藏版，湖北黄中宫刊行，第1页。

② ［清］董清奇：《除欲究本》，西安：陕西会真庵藏版，湖北黄中宫刊行，第6页。

所讲的“欲”的范围相当广泛，它包括利己欲、物欲、色欲、名利欲、富贵欲、多情欲、嗔欲、嫉妒欲、杂念妄想欲、自傲自夸欲等。这些“欲”说到底就是个人的私欲。他说：

> 私欲都除完，自然见知觉。人人都有觉，因何觉不着，私欲蒙蔽心，因此不知觉，不觉走邪路，走差弄下错。私欲都除完，自然见知觉。觉着无穷妙，保管不做错，不错不为奇，精气神包容，包合有涵养，养足成仙佛。[①]

他认为儒、释、道的三教圣人，无不在讲除欲，私欲迷本真，消耗人的精气神，十分顽恶。同时，董清奇指出道教丛林的重要性，即：“后学开丛林，普结僧、道缘，倘若走差路，自有明人怜，引到正路上，指出好心田，拨转智慧灯，邪正才分辨。”[②] 道教十方丛林是全真道的传戒之所，各大丛林都力图在持戒方面成为其他小庙的典范。道教丛林内的道众来自各社会阶层，文化素质和品性气度各有差异，虽然有“高人时刻降伏心，恐怕自心存下恶，制伏自心合天理，成仙成圣作贤佛”[③]，但也有秉性稍差的修道之人，故而各大丛林对道众制定了各种戒律清规作为修持和生活规范，要求修道之人时刻谨记精研戒行，免得迷失本真，误入歧途。同时，丛林定期开办道场，对世人也能起到劝善戒恶的作用，即：“开期作道场，劝人皆作善，信经听灵文，参悟有妙玄，解脱无仇敌，灾消祸自散，人品日日长，得见

---

① ［清］董清奇：《除欲究本》，西安：陕西会真庵藏版，湖北黄中宫刊行，第6—7页。

② ［清］董清奇：《除欲究本》，西安：陕西会真庵藏版，湖北黄中宫刊行，第9页。

③ ［清］董清奇：《除欲究本》，西安：陕西会真庵藏版，湖北黄中宫刊行，第19页。

本来面，从此离苦海，撒手得自便。”①

关于“戒”，董清奇首先指出修道者在眼、口、鼻、舌、耳、手方面的“戒”，他说：

> 戒眼不看非礼色，戒口不说非礼言，戒鼻不闻香和臭，戒舌不尝酸共甜，戒耳不听非礼声，戒手不取非礼钱。几般大恶都戒住，行动还戒非礼路。②

他以人的“形、声、闻、味、触”五感方面的感受为出发点，这事实上也是人身最直接的感受，也最容易受到外界的影响，故他认为要将此六种恶戒住，除此之外，他还强调了行动中需要戒非礼之路。不难发现，他在这几个戒中，无一不在说“非礼”，其实就是在强调修道之人应当尊礼守礼。说到“礼”，必然会想到儒家诸多有关“礼”的思想阐释，董清奇的道教戒律思想明显受到儒家学说的影响。关于“戒”的好处，他认为：“戒住言语能养气，戒住淫欲能养精，戒住思虑能养神。”③ 言语、淫欲、思虑的起源处即是心，奸盗淫邪是心病，不除必作恶。董清奇的戒律思想的核心就是“守心戒”，在诸戒之中，心戒最难，“世上诸般容易做，唯有心戒最难守。心戒广多言不尽，想记就是戒根由。因心里无规矩，败德丧身作下流，有人动

---

① ［清］董清奇：《除欲究本》，西安：陕西会真庵藏版，湖北黄中宫刊行，第218页。

② ［清］董清奇：《除欲究本》，西安：陕西会真庵藏版，湖北黄中宫刊行，第27页。

③ ［清］董清奇：《除欲究本》，西安：陕西会真庵藏版，湖北黄中宫刊行，第238页。

静能由己，方离地狱登仙路”[①]。董清奇继承了王常月的“炼心养性”的思想，强调“心戒诸恶莫作，存好无不是善”[②]，修道者须要心口如一，心存善良，不得离心，这是因为“心外不必求一物，千言万语说的心，新陈事一切除完，不必究竟自见本”[③]。心中存有本真，必须“昼夜严加防范，时刻不肯放松，自然三毒消灭，六贼也不盗阳，才得凝住精神，涵养在此包藏”[④]，在修行时，不得随意选择便宜门径，“修行莫要占便宜，想占便宜非修行”[⑤]，只有做到“心死方能生智慧，慧生才能把理穷，理明然后生恒志，恒到节上是修行”[⑥]。

在《除欲究本》中，董清奇讲到道众的受戒问题时，认为在变化无常的复杂生活中，更应该时刻“紧守紧守紧紧守，提防提防提提防。欲动不觉拿不回，人身就在此处丧。此歌不止专戒色，凡事都在里包藏。欲动念起分邪正，全凭此处拿主张。是正当为是邪止，管保永不丧天良”[⑦]，唯有时刻提防私欲，紧守心戒，邪止正长，方能修仙成佛。据学者陈月琴考察：“在历任

① ［清］董清奇：《除欲究本》，西安：陕西会真庵藏版，湖北黄中宫刊行，第39页。

② ［清］董清奇：《除欲究本》，西安：陕西会真庵藏版，湖北黄中宫刊行，第223页。

③ ［清］董清奇：《除欲究本》，西安：陕西会真庵藏版，湖北黄中宫刊行，第238页。

④ ［清］董清奇：《除欲究本》，西安：陕西会真庵藏版，湖北黄中宫刊行，第223页。

⑤ ［清］董清奇：《除欲究本》，西安：陕西会真庵藏版，湖北黄中宫刊行，第227页。

⑥ ［清］董清奇：《除欲究本》，西安：陕西会真庵藏版，湖北黄中宫刊行，第238页。

⑦ ［清］董清奇：《除欲究本》，西安：陕西会真庵藏版，湖北黄中宫刊行，第232页。

方丈、监院的组织、引导和严格的要求下，加之《除欲究本》刊世后在本庵的传播和教育作用，斯庵道众多数人在磨炼个人心性、除欲归本、积功累行方面，都比较用功夫。”①

董清奇在融合儒、释、道三教的思想理论基础上，用极为明白晓畅的言语来弘扬道法，适应了清代后期道教世俗化的要求，也体现了当时三教合一的思想潮流。

第二节　清代的道教清规榜

戒律是使人尽心尽性、知命知天的警戒条文。戒律主要用于事前警戒，作为戒律补充的清规则主要用于对违反戒律的道士进行惩罚。道教清规是道教对违反戒律的道士的惩处条例，用于约束道士持守道教戒律，惩戒“乖言戾行”，最终达到维持道观正常生活和活动秩序的目的。

道教清规大概出现在元明之际，明正统年间（1436—1449）编成的《道藏》中收有全真道士陆道和的《全真清规》一卷，其中涉及指导初入道门的道童的行为规范、厘定簪披次序的规范、云游在外的礼仪规范、宫观内部的行止规范、全真坐钵的修持规范等内容，还附有《教主重阳帝君责罚榜》《长春真人规榜》等文。道教清规按道士所犯过失之轻重，分别处以跪香、催单（劝离）、革出（逐出）、杖革（杖责逐出）及火化（处死）等惩罚。另外，《全真清规》收录的《教主重阳帝君责罚

① 张建新、陈月琴编著：《西安八仙宫》，西安：三秦出版社，1993 年，第 107 页。

榜》中，共有十条针对违反清规的道士的处罚条例，对后世诸多的清规榜制定都有借鉴意义。即：

一、犯国法遣出。

二、偷盗财物遗送尊长者，烧毁衣钵罚出。

三、说是谈非，扰堂闹众者，竹蓖罚出。

四、酒色、财气、食荤，但犯一者，罚出。

五、奸猾慵狡，嫉妒欺瞒者，罚出。

六、猖狂骄傲，动不随众者，罚斋。

七、高言大语，作事躁暴者，罚香。

八、说怪事戏言，无故出庵门者，罚香。

九、干事不专，奸猾慵懒者，罚茶。

十、犯事轻者，并行罚拜。①

关于清代道教的清规榜的数量，据高万桑的研究，从1700—1950年，各个道观共采用有十三部清规榜文。笔者拟以收集到的五部清规榜，即道光二十三年（1843）陕西张良庙、咸丰六年（1856）北京白云观及光绪二十一年（1895）湖北武当山紫霄宫、太和宫、自在庵的《清规榜》，对清代道教不同类型的宫观的清规榜的内容及特点进行分析和讨论。事实上，这些《清规榜》都是在《全真道规》的基础上，各道观根据自身情况订立的本庙清规，各个宫观的清规一般会形成自己的传统与风格。只不过和《教主重阳帝君责罚榜》相比，它们所责罚的内容更为具体明确，严厉程度也有所增加，甚至增加了火化示众这

① ［元］陆道和：《全真清规》，《道藏》，上海书店、文物出版社、天津古籍出版社，1987 年，第 32 册，第 159 页。

种极刑处罚方式。同时，这些清规不是一成不变的，有时也会随着时间的推移发生一些更改。关于这些清规榜文在多长时间后需要调整这个问题，高万桑提出了自己的见解："例如，武当山的清规榜文是由光绪朝的一些知名道士编制的，其中，就有徐本善（1851—1932年），此人在南阳玄妙观受戒时曾名登榜首。为了筹集善款和提高道观的声望，道士们有时候会从其他道观中请来一些知名的高道。而更改教规则是这些高道提高自身威望的一种有效途径。"①

一　咸丰年间的北京白云观《清规榜》

傅勤家所著《中国道教史》中，收有清咸丰六年（1856）北京白云观的《清规榜》。新《清规榜》是在《长春真人清规榜》的基础上，补充和修改而重新订立的结果。刘厚祜说："这些制度大都创始于丘处机，完备于王常月，白云堂上的历代律师和嗣师们也都做了补充和修改。至于丘氏遗规，观中还保存了《长春真人清规榜》和《执事榜》，八百年来，奉为圭臬。"②

咸丰六年（1856）的北京白云观《清规榜》共有二十三条清规，与陕西张良庙的清规相比，虽然条数略少，但依然涉及道门的各个方面。《清规榜》的内容为：

> 全真演教宗坛，恭闻太上立教爰启清静之门，祖师开坛，聿重规矩之范，欲求心清而意静，必须蹈矩以循规。故

① 〔法〕高万桑：《1700～1950年的全真教》，张广保编，宋学立译：《多重视野下的西方全真教研究》，济南：齐鲁书社，2013年，第407页。

② 刘厚祜：《白云观与道教》，《道协会刊》，1980年第2期。

美玉成器，全赖琢磨功深；精金再熔，具凭锻炼力厚。本常住丘祖开建以来，夙号会仙第一丛林。名垂京师，日华云烂，近处畿中，鹤舞鸾翔。幸托字萃，四海之羽流，均瞻教相，凡十方之檀信，共仰元气。苟未能先登道岸，遽白日以超升，还宜确守仙型。凛箴规而践履，功当自尽，过在必惩。谨将清规，开列于后。

—开静贪睡不起者，跪香。

—早晚功课不随班者，跪香。

—早午二斋不随众过堂者，跪香。

—朔望云集祝寿天尊不到者，跪香。

—止静后不息灯安单者，跪香。

—三五成群，交头结党者，迁单。

—失误自己执事，误乱钳锤者，跪香。

—奸猾慵懒，出坡不随众者，跪香。

—上殿诵经礼斗，不恭敬者，跪香。

—本堂喧哗惊众，两相争者，跪香。

—出门不告假，或私造饮食者，跪香。

—毁坏常住物件，照数包补者，仍跪香。

—越职管事，倚上倚下，横行凶恶者，跪香。

—厨房抛撒五谷，作践物料饮食者，跪香。

—公报私仇，假传命令，重责迁单。

—毁谤大众，怨骂斗殴，杖责逐出。

—无故生端，自造非言，挑弄是非，使众不睦者，逐出。

—违令公务，霸占执事者，逐出。

—茹荤饮酒，不顾道体者，逐出。

—赌博引诱少年者，逐出。

—偷盗常住物件及他人财物者，逐出。

—犯清规不受罚者，杖责革出，永不复入，逐出。

—违犯国法，奸盗邪淫，坏教败宗，顶清规，火化示众。

以上清规条律，原系祖师之玄范。指示后学，入道之阶梯也。阐扬大道，而陶情淑生之具也。诚能遵此修持无过，抑且功完行满，不患仙阶难登，瑶池难赴。有志入道者，当以身命为本，廉耻为重。戒之慎之。须至榜者，右榜通知，咸丰六年十一月。①

咸丰六年（1856）北京白云观订立的《清规榜》共有二十三条处罚条例，主要涉及跪香、逐出、迁单、顶清规火化四种处罚方式。其中，懒惰迟到、损害宫观物件、玩忽职守、浪费粮食、诵经礼斗等十三种行为将会被责以跪香的处罚，诸如活动迟到、奸猾慵懒、横行凶恶、不恭敬、喧哗惊众、毁坏常住物件、浪费粮食等行为，相对而言是较轻的处罚。诽谤咒骂、无事生非、赌博偷盗、饮酒食荤、公报私仇、犯规不服等九种违犯情节较重的情况，将会遭到常住的驱逐和迁单。此外，第二十三条清规为“违犯国法，好盗邪淫，坏教败宗，顶清规，火化示众”，傅勤家对此的解释是：“以死刑，用火焚其尸，此时将清规置于犯人顶上，故有此罚名。”② 这基本是道教中处罚最为严重的处

① 傅勤家：《中国道教史》，北京：商务印书馆，2011 年，第 112 页。

② 傅勤家：《中国道教史》，北京：商务印书馆，2011 年，第 112 页。

罚方式之一，可谓是“极刑”。

二　道光年间的陕西张良庙《律坛清规榜》

陕西关中的汉张张良庙为道教全真道的十方丛林，坐落于秦岭南坡的紫柏山麓。清道光年间，张良庙的佃户不愿缴纳地租，住持陈永宁等人向西安八仙庵求助，八仙庵知客任永真自告奋勇，接管了张良庙的事务。任永真到达张良庙后，自筹资金修复并扩建了原来的道院，在道光二十二年（1842）仿照八仙庵体制，将张良庙改立为十方丛林。次年，任永真针对当时道观管理的不规范情况，重新订立了新的十方道规与仪轨。任永真为张良庙制定的这些道教内部的管理制度被收入《三乘集要》之中，这也为张良庙后来的开坛传戒打下了基础。经过任永真的努力，张良庙最终成为清末秦岭南麓最大的一处道教宫观。

道光二十三年（1843），任永真撰写的《律坛清规榜》榜首曰：

> 窃闻教明皇王之法律，堂著太上之清规，在内在外各有专司，一出一入俱有纲纪，德隆者蒲团打坐，学优者撰书艺文，诵经者朝夕殷勤，募化者尽心竭力，才能者任分细务，识周者总理纲维。勿谈是非，勿竞长短，勿为戏谑，勿歌妖艳。刚强性灭，逊顺自然，无心失错犹可宽恕，有意乖违理必难容。轻则责罚，重则斥逐，道法仅在，执事勿忽。①

任永真强调在道士的修行之中，无论是打坐、撰文、诵经、

① ［清］任永真：《三乘集要》，西安：西京克兴印书馆代印，1936年，第64页。

募化，一举一动都有纲纪，若是无意犯错尚可宽恕，但有意为之，不可轻饶，执事的主观判断容易有所疏忽，因此特订立清规作为戒律的补充。

张良庙的《清规榜》全榜共有三十六条榜文，其内容如下：

—朔、望祝当今圣寿，答报水土之恩，云集不至者，跪香，老病公事者免。

—违犯国法，奸盗淫杀，玷辱道风者，按清规重责四十，炙断眉毛逐出。

—左道惑众，毁谤正法者，顶清规摈出。

—刁唆是非，两面取好，离间伤情，使众不睦者，顶清规摈出。

—偷盗常住银钱粮食应用物件，炙断眉毛，摘去衣巾逐出。

—欺抗尊长，违令公务，恃强僭分者，重责三十扁拐逐出。

—荤酒违禁，不顾道相者，责罚摈出。

—扬恶隐善，假公济私者，责罚跪香。

—倚上凌下，不分曲直，横行凶恶者，责罚跪香。

—奸猾慵懒，违误执事，动不随众者，责罚跪香。

—无故生端，言语浮躁，闹事惊众者，责跪香。

—公私出入，不白监院、客堂及回不消假者，跪香。

—常住请坡，板响三阵，不至者，罚香；老病、公事可免。

—早晚课诵，报钟三板，不至者，罚香；疾病、公务可免。

—斋毕各执其事，凡无执事者，或聆教习学，或看经，须衣冠整齐，或端坐，亵渎者跪香。

—三五成群，交头接耳，斗玩戏虐者，跪香。

—赴斋言语，筷落碗响者，罚跪香。

—公报私仇，或假传命令者，跪香。

—擅举手，不管有理无理，先打人者，罚香迁单。

—诱引少年童子者，顶清规重责三十扁拐逐去。

—领执事，不候期满，不准强辞，无故生端者，跪香。

—厨房早晨，头五板烧开水，开静大众并行人等，俱起汤衣净面，违者罚香。

—刁唆秽言，污清毁德者，顶清规重责，或罚逐出。

—晚止静，二一板响，息火止灯，不得窜寮闲谈，违者跪香。

—常住大众，公用饮食物件，乃十方膏脂，粒米同餐，私偏众者，罚香，病老者免。

—在堂大众，既入玄门，便登真人箓，常要道尊德贵，谨言慎行，不得经忽言笑，行止乖张，犯者罚香。

—大众当弱己饶人，恭敬一切，不得心高气傲，欺侮平等，犯者罚香。

—大众常住，不得荤酒赌钱，败坏教相，如违犯者，重责逐出，甚者炙眉。

—大众既入丛林，俱系同胞，不得另外结拜道友以助党翼，犯者跪香抽单。

—大众须要自己检点自己身心。不许谈国家等事并阴阳炉火，旁门小术，犯者跪香抽单。

一十方常住，上下执事人等，贤愚必依清规，如有散淡、习惯自然，未能遵依者，听其他住，不必强留。

一接待十方，原系祖师慈悲教相，大众必须各发道心重兴盛地，共结良缘，倘有任性纵横，擅生事非者摧单。

一大众不许无故窜单，狂言戏语，高声喧哗，犯者跪香。

一常住米面不可抛撒，故违者罚香，重者迁单。

一同寮执事，但有些分小事，不须厉声怒色，致伤和气，犯者跪香。

一大众须要遵依清规条款，如有不服不遵约束者，抽单。①

张良庙《清规榜》根据所犯过错的轻重不同，分别有跪香、炙断眉毛、摘取衣领、扁拐、迁单、逐出等惩罚措施。其中，处罚方式为跪香的有皇帝圣诞云集不到者；扬恶隐善，假公济私者；欺上凌下，横行凶恶者；奸猾慵懒，违误执事者；言语浮躁者，闹事惊众；外出不告假及回不消假者；常住请坡板响三阵不到者；早晚课诵报钟三阵不到者；斋毕，亵渎神灵者；三五成群，玩闹游戏者；用斋言语，碗筷有响声者；公报私仇及假传命令者；强辞执事，无故生端者；不随众人同起净面穿衣者；夜晚不睡，私聊者；对常住饮食物件有偏私者；在堂，轻忽言笑，行为乖张者；心高气傲，欺侮他人者；无故串单，戏语喧哗者；同寮执事，厉声怒色，有伤和气者，共二十种情况。这类过失多是

① ［清］任永真：《三乘集要》，西安：西京克兴印书馆代印，1936 年，第 64—70 页。

集体活动不参加或是迟到、言语过失、与众不睦、举止不端等行为，基本属于情节较轻的情况，因而，仅责罚以跪香。炙断眉毛逐出的情况共有三种，即违反国法，奸盗淫杀者；偷盗常住财物者；在常住内饮荤酒、赌钱者。据“荤酒赌钱”条中所说“如有违反者，重责逐出，甚者炙眉”可知，炙断眉毛是比逐出更为严重的惩罚。其中，违反尊长指令及公务，强势划分财务及诱拐道童等情况，会被处以三十扁拐的惩罚，后者甚至会被逐出常住。所谓“扁拐”是类似于手杖之类的拐杖。据说扁拐是太上老君成道的法器，是可以张扬大道的法宝，后世道士多用扁拐担青囊或防身等。左道惑众，诽谤正法者；挑唆是非，使众不睦者；不顾道相，饮荤酒者；言语污秽，有损清德者，这四种情况，会被处以顶清规，摈出或逐出的惩罚。“摈出”一词来源于佛教，是佛教处罚僧尼的一种方式，即自教团逐放，不许其与僧众共同起居，此相当于削除僧籍，故又称摈籍。驱摈按犯规的程度划分为暂摈和灭摈。因此，道教清规中的“摈出”应该也是将犯错道士从道众中暂时驱逐出去的处罚方式。“逐出”即为逐出常住。此外，还有擅自举手、先打人者，外结道友以助党翼者，任性纵横、擅生是非者，抛撒常住米麦者，不服，不遵清规条款者，若出现这几种情况，轻则跪香，重则抽单、催单、迁单。在道教的十方丛林里，每个人都有一个单，催单是劝离常住，迁单是迁出常住，总而言之就是该常住不再收留此人，这是清规中较为严重的处罚方式。

张良庙的《清规榜》在榜尾还强调：“以上条款，乃丛林规模，大众威仪，不得越之。太上教相，关系非小，必须各自觉照，彼此指点，勿致有犯，务在遵行。须至榜者，有榜通知，天运年月日榜示押。”[①] 任永真希望常住内的执事和道众不仅要做到自觉遵行清规，还要互相监督，避免有所违犯。

三　光绪年间的武当山道教清规榜

清咸丰六年（1856），在高二先等领导的红巾军起义中，武当山成为战场，致使诸多宫观遭到损毁。徐本善在跟随师爷杨来旺修复武当诸宫观的事业中深受教益，遂立志振兴武当道教。他曾在河南南阳玄妙观受戒，名登榜首，《五子登真录》记为“天”字号。光绪二十年（1894），徐本善回到武当山，后成为全山总道长，负责整顿教务。清光绪年间，为扭转道风，规戒道众，武当山道总徐本善会同全山宫观庵堂住持、道总制定了一系列的清规榜。根据子孙堂与丛林堂的不同情况，各宫观内的清规榜内容也有所不同。本节仅列举当时武当山中的紫霄宫、太和宫、自在庵的清规榜，其中，紫霄宫的宫观属性为半子孙半丛林，太和宫则是以正一派道士为主的宫观，而自在庵是子孙庙。

（一）紫霄混元宗坛清规榜

紫霄宫位于湖北武当天柱峰东北的展旗峰下，始建于北宋宣和年间。明永乐年间，明成祖朱棣下旨重建武当山，紫霄宫成为重点的修复对象，此后明代屡有扩建。至清嘉庆年间，官方对其进行了大规模的修复工作。紫霄宫是武当山保存比较完整的道教建筑群之一。紫霄宫于清光绪二十一年（1895）设立《紫霄混元宗坛清规榜》内容如下：

① ［清］任永真：《三乘集要》，西安：西京克兴印书馆代印，1936年，第70页。

紫霄琳宫，乃称福地。玄府本是却尘焚俗之境，而非醉生梦死之乡。肇例，清规道范，诚谓仙贤之准绳，尚且天神不容失仪，人间自敢犯规。凡在丛中，总归教下，不论僧尼道人等，香莸同器，贤愚有别，若型无纪律，焉能兴倡。圣代儀睿叙简犹存，乏其所阅。自太上开混元之化，以道德为尊；长春演全真之律，以仁义为本。垂列十二规戒之禁例，惩恶严过，勿致冲触天怒也。既充责任，慎勿干犯，倘敢越例狂妄，既行戒令无私。今将规章戒例陈列于下：

—凡在院执事不准分相，违者迁单。

—凡混元宗坛执事相互办理，违者迁单。

—凡奸究邪淫潜游民间者，焚形。

—凡慢贤彰恶漏才扬己者，革出。

—凡削公肥私舞弊移众者，革据。

—凡交游非贤私留逗宿者，杖革。

—凡恶口谤众阴谋害良者，杖革。

—凡斗戏诙谐谑毁宗观者，杖罚。

—凡虚妄栽诬挑唆是非者，逐出。

—凡食荤酒骚扰殿宇者，杖革。

—凡偷盗搬运私造饮食者，杖革。

—凡公遵独别冒迷理由者，革出。

以上数条清规禁例，本出一体公议，倘有违犯者，勿论老幼亲疏，概为照例所行。若有老病公事者可免，或修养服食火候激动，意空神洽误犯戒令，素行可证不在其限，特此榜谕。①

紫霄宫建于明永乐十一年（1413），是武当山八大宫观建筑群的主体。虽然紫霄宫的宫观属性为半子孙半丛林，但其清规榜主要还是强调丛林堂内要严施戒律，勿论老幼亲疏，一律照行的原则。全榜共有十二条清规，处罚方式主要为迁单、杖革、革出、革据、逐出、焚形等。其中，在院执事不准分相者，混元宗坛执事相互办理者，将被处以迁单，会被遣出紫霄宫。凡慢贤彰恶漏才扬己者，公遵独别冒迷理由者，虚妄栽诬挑唆是非者，将被革出或是驱逐出教门。交游非贤私留逗宿者，恶口谤众阴谋害良者，食荤酒骚扰殿宇者，偷盗搬运私造饮食者，如果有这四种情况，违反者将会被处以杖罚，并被革出教门。斗戏诙谐谑毁宗观者则会被处以杖罚。可见，紫霄宫的清规榜主要以杖革等肉体刑罚为主，但奸究淫邪，潜游民间之人，则会被处以残酷的焚形处罚。

（二）自在庵条规

自在庵于明嘉靖年间重修，清同治年间复修。自在庵是子孙庙，故榜首就强调该清规榜具有“家规”属性，即：“盖闻祝国万寿，遵太上之遗言；率由旧章，承先人之告诫。欲复整乎家规，同心持世；思循途于旧辙，协力维公。用是条分缕析，均期做兹宪，朝乾夕惕，勿替芳观。若谓徒托空言，以前事不足为后事之师，已往不足为将来之验，有致负先祖之苦心良多矣，创业

① 王光德、杨立志：《武当道教史略》，北京：华文出版社，1993 年，第 333—334 页。

悉违，余等大众于心安乎？兹特公同商议，俱愿仍立遵守清规。”①

对自在庵的清规榜做简要分析，可以窥见清末道教子孙庙的清规的大概。其内容如下：

> 第一条：宜虔诚诵经谒神。先日须当斋戒身心，沐浴更衣，凡在殿内，务须礼貌整肃，庄严教像。倘有衣冠不整、服容不敬、亵越神明及迟延不到者，罚顶清规石一炷香，灯油五斛入公。或年老者有功或疾病缠身，预先至常住告假可也。
>
> 第二条：戒荤酒赌博，横暴行凶，出言不逊，侮慢尊长，藐视常住，小者笞责，大者斥革，决不宽贷。
>
> 第三条：库房重地为宾客聚会之所，道众老少未有执务要公议论，不许擅自往来，勿得高声笑语，交头接耳。若有公事至库房内，务须衣冠整齐，不准短衣开怀，赤身出入，犯者罚灯油五斛入公。
>
> 第四条：道众人等有事外出或为私事，必须禀明常住方可，若无公事私出山门夤夜不归者，查出定行斥革不恕。
>
> 第五条：本庵道众系童子出家，全赖常住恩养，师尊教训，方能冠经成人。伺应香各尽其道，以致年富力强。自暴自弃，自尊自大，目无尊长，扰乱清规，一经斥革逐出者，永不许复入。
>
> 第六条：本庵大众人等各有亲朋，但凡来庵探望者，均

① 王光德、杨立志：《武当道教史略》，北京：华文出版社，1993 年，第 340—341 页。

要随堂吃饭，不准自由担饭，亦不能在厨房任意扰乱，男者一朝一夕，女者顿餐而已，不准在庵连宿住夜。凡客来时，当然禀知常住，方可送入斋堂食膳，违者罚灯油十斛送公。

第七条：常住分派公事，恪守凛遵，兢兢业业，不得违抗和不遵条约，倘若告假出外云游参访，募化缘簿机关各届功德，任意侵蚀，屯公肥己，老者先有功效，按章处罚，以儆效尤，再观将来；少者如无成绩，决计革黜，永不许入庵。

第八条：本庵道众因公出外或私事他访，出必告返，必面定期，至日即归，倘届时因天道阻隔，三日内外不能归者，同众公处议罚；若逾期越五日以外不归者，定是有意藐视常住，立革不恕。出门办公事越期不归，同众公论不在禁令。如有好事之人与外人涉讼，若不投明常住，不论别人，自己牵连庵内常住道众人等，共同议罚。

第九条：本庵常住日用维艰，大众人等不得科派、需索，各自体恤，钱谷系本庵道众性命之源，司理管库执事之人，当然节用谨慎，不可滥用妄费。倘有失误遗漏者，责有攸归，难负完全责任。犯者立即革黜不贷。

第十条：本庵道众老幼人等，最宜择交谨慎，并不许私结强官土豪恶霸，欺凌道众。夫人非圣贤孰能无过，若道众有过，亦须道众暗里开导，不得以公循私，因循懈怠，犯者重责。①

自在庵的清规榜共有十条，其所涉及的处罚形式主要有顶清

---

① 王光德、杨立志：《武当道教史略》，北京：华文出版社，1993年，第341页。

规石跪香、罚灯油入公、笞责、斥革、革黜等。可见，武当山子孙庙的清规榜主要保留了顶清规石、跪香、笞责等肉体刑罚，再就是根据轻重情况，罚数量不等的灯油入公。其中，在殿内，衣冠不整，服容不敬，延迟不到者；擅自来往库房，高声笑语，交头接耳，短衣开怀，赤身而入者；道众亲朋来庵探望，自由担饭，在厨房随意扰乱，女者在庵连宿过夜者，以上三种情况，将处以灯油入公的处罚。荤酒赌博，横暴尊长，藐视常住者；无公事私出山门，夤夜不归；自暴自弃，自尊自大，目无尊长，紊乱清规者，以上三种情况，将会被处以斥革逐出，严重者，将永不许复人。管理库房的执事，要节用谨慎，若有失误遗漏，将会被革黜。残酷的焚形处罚被取消。由于自在庵是子孙庙，对老少的规制有所区别，例如对于常住分派的公事，如果有侵吞、屯公肥私的情况，老者先看其以往的功绩，再按章处罚；少者若无成绩，直接革黜，永不许入庵。此外，严格管控常住道众的外出及交友不慎的行为，对逾期不归者要同公议论。子孙庙中的道众基本都是自幼拜师投门出家，庙内不仅分宗法等级的高低，还分家族宗派的长幼，因此弟子们不仅要接受清规榜的约束，还要服从庙内家法的管制。

（三）太和宫清规榜

大岳太和宫位于武当山天柱峰南侧，武当山的最高胜境。明永乐年间，明成祖朱棣下旨在武当山大建宫观之时。张宇清等正一道道士奉令到各地挑选四百余上清派及清微派道士，在武当山传天师法箓，于其中再选二十余人担任各宫观的提点、住持等职务。永乐十五年（1417），明成祖朱棣尊称武当山为“大岳太和山”，并给五大宫赐新名。其中，太和宫得名“大岳太和宫”。

太和宫属正一派系，从其清规榜可窥见清末正一道宫观的清规榜的大概情况。其内容为：

榜示道众一体知悉，凡在院执事以及道众人等为重，太上道祖玉律清规，倘然越范触戒即造条施行。

—错乱钳锤，止静喧哗者，跪香。

—越规失度，恃强不服者，杖革。

—金殿资钞，私收肥己者，公革。

—抗违清规，不遵约束者，逐出。

—猖敛财物，力拐常住者，逐出。

—奸盗淫邪违碍者，焚形。

以上教条陈言。华宗仁之风，广开道范之仪，众等各宜凛遵，倘敢故犯，决不贷恕，特此榜示。①

太和宫清规榜共有六条：错乱酣睡，止静喧哗者，处以跪香；越规失度，恃强不服者，处以杖罚并革职；金殿资钞，私收肥己者，处以革职；抗违清规，不遵约束及猖敛财物，力拐常住者，处以逐出常住；奸盗淫邪违碍者，则会被处以焚形之罚。和紫霄宫、自在庵的清规榜相比，太和宫清规榜的条例较少。

以上列举了五种清代道教宫观清规榜文，其中，白云观、张良庙的清规榜代表了全真道十方丛林的清规榜，紫霄宫代表了半丛林半子孙庙的清规榜，自在庵代表了子孙庙的清规榜，太和宫则代表了正一道庙宇的清规榜。清代的清规榜的内容基本涉及道士们的衣着、饮食、睡眠、言谈、云游、钱财、职务、教规、往来、道德行为等方面，一旦触犯禁令，住持就会从清规榜文中选

① 王光德、杨立志：《武当道教史略》，北京：华文出版社，1993年，第339页。

取相应的惩罚措施进行处罚，这些惩罚的措施包括跪香、迁单、杖出、革出、逐出、炙眉、罚灯油充公、焚形等。不过，根据道教宫观的属性不同，各宫观可以自行依据道范而订立清规榜，各清规榜在措辞、条款、处罚轻重等具体内容上，也有一定差异，例如十方丛林因人员较为混杂，清规榜不仅条数多，且禁令的惩罚程度也更为严格，正一道的庙宇由于其道士并不强调住观苦修，因而涉及的禁令相对较少。无论是哪种清规榜，其根本是为了道教宫观的正常运作而设立和执行的，高万桑也说："每一座宫观制定了各自的教规，以惩罚道士的各种不法行为。这些教规有时候会随着时间的推移而有所改变，但却是一座宫观认同的基础。"①

① 〔法〕高万桑：《1700～1950 年的全真教》，张广保编，宋学立译：《多重视野下的西方全真教研究》，济南：齐鲁书社，2013 年，第 405 页。

第七章　清代的道教“授箓”与“传戒”

清代道教主要分为正一道和全真道两大教派，其中，正一道授予道士经箓法职的科仪是“授箓”，全真道传授道士戒规律法的科仪是“传戒”。这是修道生涯中极为重要的一步，通过这两项科仪，道众可以加深自身的宗教信仰，取得合法的道士地位。从宗教意义上来说，这也是道士获取神权、修真登仙的门径与阶梯。对道教整体来说，举行“授箓”和“传戒”活动可以整合教团，演示教义，教授规法，教习科仪，提高道士群体的整体素质，有利于道法的继承和传续。

第一节　正一道的“授箓”规范

因为直接关系到道法传承的问题，所以正一道素来重视授箓科仪，并为此订立了一系列的规范。“箓”有簿籍，有记录之本意。在《秘要法诀·明正一箓》中，“箓”的解释为：“箓者，戒录情性，止塞愆非，制断恶根，发生道业。从凡入圣，自始及终，先从戒箓后登真。”① 在正一道中，箓有两种，一是指记录奉道之人的名册，上面记载有授箓道士的姓名、道号、师承及道阶；二是指记录诸天曹官属佐吏之名册。据道书记载，各种箓中都有神灵，道士只有通晓法箓，才能召神遣将，除妖镇邪，消灭灾祸。此外，正一道士在做不同的道场，解决不同的问题时，需要使用不同的箓，请出其中吏兵（即天将）给予法力。因此，作为符箓道派的正一道士，必须要授箓，不授箓就不能做道场法事。

正一道的“授箓”科仪古已有之，张金涛认为：“系师张鲁据汉中，实行政教合一，以五斗米道教义施政理民。鲁自号‘师君’，徒众称‘鬼卒’，另立‘都讲’、‘祭酒’，实际上是道教早期的职级分工制度。而这种制度的确立，必然得有一套科仪章法，这便是天师道授箓制度的雏形。”② 不过，学界的一般看法是授箓传度始自汉末晋初第四代天师张盛嗣，他曾在龙虎山修治天师元坛，并定于每年三元日登坛传箓，据传曾有千余人受其传度。至魏晋南北朝时，正一道出现分裂，分宗迭出，经由寇谦之、陆修静等人的整治与改革，逐渐出现了“龙虎山正一宗坛”“茅山上清法坛”“阁皂山灵宝法坛”三大法坛，它们各自开坛传箓，被称为“三山符箓”。南宋建炎年间，净明派创立，江南自此有四大法坛。到南宋末年，在第五十三代天师张可大的统领下，正一道逐渐走上“三山合一”的道路。元朝时，龙虎山的正一道颇受圣宠眷顾，第三十六代天师张宗演被御赐银印，主领

① ［宋］张君房编，张永晟点校：《云笈七签》卷45，《秘要法诀》，北京：中华书局，2003年，第1006页。

② 张金涛：《道教授箓制度的历史与现状》，《中国道教》，2015年第2期。

江南道教，正一道开始主管三山符箓。明代以后，诸符箓道派渐渐融入正一道之中，授箓统归万法宗坛，形成了三山滴血派，后来符箓道派都以此为宗。明初，明太祖朱元璋命第四十二代天师张正常掌管天下道教事，并令道士宋宗真与赵允中编成《大明玄教立成斋醮仪》，系统地整理和规范了正一道的授箓传度的斋仪章法。此后，明朝政府曾屡次下令禁止民间私出符箓，保证龙虎山天师府专出符箓的特权。洪武二十四年（1391），明太祖下旨：

> 该礼部钦奉圣旨，江西、浙江、福建等处，多有假借正一真人名色，私出符箓，惑民取财。令出之后，犯则斩首示众，家迁化外。钦此。八月，须给龙虎山正一玄坛之印，俾镇护名山，关防符箓。①

据现存的《正乙天坛玉格》的记载，它是由第五十二代天师张应京校集，五十三代天师张洪任编正，法师施道渊参阅。从两位天师如此重视《正乙天坛玉格》的校正与传授可以看出，明清鼎革之际道教私出符箓的现象十分猖獗，正一道领袖意欲借此书来清整道教，结束此前授箓的混乱情况。清顺治十五年（1658），第五十三代天师张洪任为《天坛玉格》作序，并指出校正此书的目的是：“尝稽天坛玉格，是学道之士修真有得，列名仙籍之品格也。吾老祖天师奏请纶音，按支干而分治炁，照箓章以定品衔，犹朝庭有设官，有等级高卑，有贵贱正副，毫厘不可假借者也。今位三省者专司其事。即如凡间诠部天下，官员职

① 《皇明恩命世录》卷3，《道藏》，文物出版社、上海书店、天津古籍出版社，1988年，第34册，第792页。

品皆从选出焉。近来好奇者不道玉格，妄意佥补，或职微品隆，或箓小职大，但知悦人观听，华美其辞，而不知违式犯禁，身干天宪，岂知授箓受职，无补于进道者。兹持于养元抱一宣教演化法师施铁竹谈及是事，铁竹亦深慨流风浇陋，故以《天坛玉格》互相考订。"① 在此之前，明正统《道藏》已录有《太上天坛玉格》，而《正乙天坛玉格》正是在继承此书的基础上，适应了新的政治背景和教团发展情形，精减旧有授箓传度中的复杂科仪，加入净明道一系道派而成的。张洪任也说：

盖欲公诸天下，为万世不易定规，使仙班列职，与今之三公九卿、郡邑宰牧，可按籍而考，无异同也。今而后，凡传法授道者，当知列仙子瑶阶，即为天都仙宰，有功即迁，有过即黜，百年上升，亦从此，或下堕，亦从此，可不畏欤？奈世有恣意妄为，迁职补衔，漫然由我，不独仙班断无此职，即姓氏亦难上道也。谨以是书手授铁竹，付诸剞劂，以广其传。学道授法者当日惕焉。②

《正乙天坛玉格》对清代道教有着十分重要的意义，它融汇了各派法箓，为各符箓道派的道士的法职定下等级，同时给予各大山头、宫观以自治权，许其保留自己的字派，在形式上使正一道得到了统一。《正乙天坛玉格》成为清代以后正一道授箓授职最为基本的规范。

正一道授箓开坛的日期通常会选在"三元日"，即上元正月

① 刘仲宇：《道教授箓制度研究》，北京：中国社会科学出版社，2014 年，第 337—338 页。

② 刘仲宇：《道教授箓制度研究》，北京：中国社会科学出版社，2014 年，第 338 页。

十五日、中元七月十五日、下元十月十五日。三元日是道教分别祭祀天、地、水三官的日子，被认为是神仙云集朝会之日，故此在这三日举行授箓传度活动也有着浓厚的宗教意味。正一道士在登坛授箓前，先要皈依道、师、经三宝，有师承法脉，拥有一定道教义理知识和行持斋醮科仪的能力，同时其日常品行严洁，遵守道门戒规。清代正一道的授箓仪式主要是由正一真人领衔升坛传箓。登坛授箓的道士被称为“箓生”，按照授箓规仪：“箓生初受《太上三五都功经箓》，升授《太上正一盟威经箓》，加授《上清五雷经箓》，加升《上清三洞五雷经箓》，再升《上清大洞经箓》。”① 箓生在授牒之后，获得龙虎山天师府（万法宗坛）颁发的职券牒文，以证其所得的法职，此牒也简称为“职牒”（箓牒）。职牒主要包括弟子的法名、生辰八字、星相、家乡住址等内容，它也是正一道士的道籍凭证，有利于官方对道教事务的有效管理。天师代天庭授予箓生执法的权力和地位的凭证，授箓之后，正一道士拥有遣使箓中兵将听命法坛的权力。《正乙天坛玉格》规定龙虎山的天师祖庭要将箓生的要求上报天庭，具体为：“奏定受何经箓；奏立何坛何靖何治作为活动点；串立合同符，分环部券为证（即传度的合同符分为两半，一半贴职牒上给授箓人佩带，一半在申奏天庭时焚烧）；授给印、剑、令、旗等各种法器；拨付本命天将天兵，作为护身保卫；勉励他们同心同德，到指定的坛、靖永远驻扎；协助授箓者，佐理道法，凡遇行时，如谷答响，有求必应。”②

① 张金涛：《道教授箓制度的历史与现状》，《中国道教》，2015 年第 2 期。

② 江峰：《中国历代张天师评传》卷 5，南昌：江西人民出版社，2014 年，第 36 页。

按照《天坛玉格》的要求，箓生在授箓醮仪中，还要专心尊奉“三皈九戒”，并发“十二愿”。三皈是指皈依道教的道、经、师三宝。第一皈依无上道宝（太上无极大道），第二皈依无上经宝（三十六部尊经），第三皈依无上师宝（玄中大法师）。九戒、十二愿分别是：

一者克勤，爱国守法，是念真戒；
二者敬让，孝敬父母，是初真戒；
三者不杀，慈救众生，是持真戒；
四者不淫，正身处物，是守真戒；
五者不盗，推义损己，是保真戒；
六者不嗔，凶怒凌人，是修真戒；
七者不诈，谄贼害善，是成真戒；
八者不骄，傲乎失真，是得真戒；
九者不二，奉道专一，是登真戒。①

一愿乾坤明索；
二愿气象清圆；
三愿主躬康泰；
四愿融洽八埏；
五愿天垂甘露；
六愿地发祥烟；
七愿四时顺序；

① 江峰：《中国历代张天师评传》卷 5，南昌：江西人民出版社，2014 年，第 38 页。

八愿万物生全；

九愿家多孝悌；

十愿国富才贤；

十一愿箓生受福；

十二愿正教兴行。①

从三皈、九戒、十二愿的内容来看，这些实际是正一道士在授箓之后所要遵循的清规戒律。不过，这也体现出正一道以道为本、以德为用、劝化行善、利国济民的教义思想。授箓之后的正一派道士可被称为法师。

乾隆朝以后，随着正一道领袖正一真人地位的下降，正一道在上层社会发展受到阻碍。至同治朝以后，清廷虽不许正一真人入京朝觐，但正一道内部的授箓活动依然在持续，从光绪年间仍有道士精心抄录《正乙天坛玉格》之事可窥见一斑。此后因内忧外患的国情，正一道的授箓传度活动曾一度中止，直至1991年才逐渐恢复。

第二节 全真道的“传戒”规范

全真道的“传戒”制度，究其宗源可追溯至全真道兴起之时，全真道祖师王重阳依照古制向七真口传心授道法，意在其法不传于非人，因此真道创教初期没有公开传戒的传统。有学者认

① 江峰：《中国历代张天师评传》卷5，南昌：江西人民出版社，2014年，第38页。

为，全真道当时没有公开传戒的根本原因是："自唐宋以来道教传戒已被政府控制，初期全真道属民间组织，没有公开传戒的权力。"① 不过，在全真道早期，依然出现了有关全真道士修持的规范性文本，如《重阳立教十五论》《教主重阳帝君责罚榜》《丹阳真人直言》《长春真人规榜》等。至丘处机创龙门派时，全真道的传戒方式依旧是传衣钵，口口相传，单传秘授。丘处机的徒弟赵道坚是龙门派第一代传戒律师，其后传至清代王常月为龙门派第七代律师。王常月见全真道四百余年的传戒均为单支相接，以致道门不知经戒者甚多。故在道教以往戒律资料的基础上，他重新修订了"三坛大戒"，在北京、江南等地公开传戒，全真戒法从此为世人所熟知。

全真道认为受戒表示接法，只有受戒后，此人才是正式的法嗣，才能依律修持，名标天堂。然而，一般宫观并无资格举办传戒活动，唯有十方丛林可以公开传戒。十方丛林也称为十方常住，丛林取自万物丛生、山林茂密之意。因为古代修道之人多选择密林深处隐居修行，故丛林也喻指道众荟萃、人才济济之处。十方常住均悬挂钟板，以钟板为日常作务的号令，允许在子孙庙正式出家拜师的道士前来挂单、常住，互相参道。清代全国各地区比较有名气的十方丛林有北京白云观、沈阳太清宫、西安八仙宫、成都二仙庵、青城山天师洞、南阳玄妙观、杭州玉皇山、华阴玉泉观等处。

十方常住虽有传戒之特权，却不收徒弟。出家入道之人，必须在受戒之前进入子孙庙拜师、冠巾，学习经韵。子孙庙又称小

① 任继愈主编：《中国道教史》下卷，北京：中国社会科学出版社，2001 年，第 690 页。

庙，这类庙宇可以收徒，但无权传戒。在全真道士收徒方面，按乾隆三年（1738）的政令：“全真、戒僧，有衣钵符箓可传，亦必年岁老成，堪为人师者，方可招受，亦应如所请，年逾四十，方准收徒一人，否则照违令律论笞，僧、道民容隐者罪同。”①有心入道之人，选吉日，至子孙庙拜师，可将资产敬献于该庙，如无则免。道长所招的徒弟均有一段见习期，见习结束后，会被赐予冠巾与道名。他们在子孙庙中习字读经，承担各种庶务。经过几年的修习，待到十方丛林开坛受戒之期，便可前往该处接受传戒仪式。

以清代全真道传戒最为频繁的白云观为例，自嘉庆十二年（1807）至民国十六年（1927），这一百二十年间，白云观先后组织传戒三十一次，受戒的道士总数有5702人。若从清初算起，仅来白云观受戒人数已有万人左右，足见清代全真道传戒规模之大。可以说在清代中后期，白云观的传戒活动已经呈现出常态化的特征。另据高万桑研究：“参加公元1882年白云观传戒仪式的道童的平均年龄是三十二岁，其他传戒仪式中戒子的年龄大概也应该在这个年龄段。”② 这也就是说，道童在冠巾礼之后，还要等上几年可接受受戒。小柳司气太以北京白云观为例，对“受戒”的解释为：“受戒者，十方丛林之特权，不毕业授戒者，不可称为道士。本观授戒，清初以来每年二千人为定额。其期日为一百日。嘉庆以后，渐次削减。现今以五百人，五十三日为限，

① 《清高宗实录》卷69，《清实录》，北京：中华书局，1985年，第10册，第109—110页。

② 〔法〕高万桑：《1700～1950年的全真教》，张广保编，宋学立译：《多重视野下的西方全真教研究》，济南：齐鲁书社，2013年，第393页。

开期不必每年。盖授戒之为事，颇要巨费，近时物力萎靡，不能复旧日矣。”① 白云观每年分春秋两期受戒，春戒从二月二十五日至四月初八日，秋戒十月十五日至十二月初八日，均共五十三日也。由于组织传戒的道观需要为受戒者提供食宿，到清代中后期，受戒的人数逐渐减少，加之白云观本身的经济状况也不佳，故每年只能供五百人共五十三天的戒期。求戒者须在戒期之前做好准备，即：

各省小道院子求戒者，俟开戒之日，前半个月，亲到白云观，报告注册。开戒前三日，观内执事，导之于宿舍，照册点念一过。然后禀知方丈，乃命执事，带同新戒，至于浴堂沐浴一次，以俟翌日，即传戒之第一日也。授戒之条目，断妄念，以修清净无为之道为要。②

在受戒期内，求戒之人在十方丛林中，要参加各种讲授道法的课程，接受仪法及道乐方面的训练。同时，他们还要经受严苛的苦修生活，如小柳司气太曾指出在白云观的春秋两次戒期中，特别是秋季的传戒仪式中，甚至有人因难耐严寒而死去，即：

戒期中，行住坐卧、饮水盥漱、大小便，皆有一定法规，受老道之监督指导，苟反之则受重责严谴。春戒中，眼疾最多，春气缊蒸故也。秋期中，冻足者不鲜，盖因新戒者，多席卧于地上，且不准着棉鞋、布袜。其甚者，往往丧

---

① 〔日〕小柳司气太：《白云观志》，东京：东方文化学院东京研究所，1934年，第70页。

② 〔日〕小柳司气太：《白云观志》，东京：东方文化学院东京研究所，1934年，第70页。

失命云。①

五十岚贤隆在《太清宫志》中，对戒子们在传戒内的生活也有如下描述：

早晨一二点起床，一直修法到晚上八点左右。念经之类的活动也是从早上很早就开始。开始的时候，每天要诵读三次，多的时候每天要诵读五六次，每次需要三个多小时，修戒坛中一天也不得休息。或者和教典一起诵读、授戒，或者叩头、坐禅，苦苦修行，这一百天要跪坐在大庭前进行修行。②

这些记载足见传戒实际上是考验全真道士宗教虔诚度的一种修炼方式。

清初，全真道龙门派第七代传人王常月在北京、江浙等地公开传戒，并修订“三坛大戒”，即初真戒、中级戒、天仙大戒，这是清代中后期全真道遵行的三大传戒科仪。每坛传戒的律师，一般由该十方丛林的方丈担任，传戒中律师的选择十分重要，唯有受过“三坛大戒”，品学兼优，德高望重之人才能担此重任。此外，还有传戒八大师辅佐律师，分别是：

证盟大师，给戒子讲经解惑，回答戒子提出的问题；监戒大师，监督戒坛威仪，不许犯戒违律；保举大师，由监院担任，负责保单、保戒、保香；演礼大师，教戒子登规行

① 〔日〕小柳司气太：《白云观志》，东京：东方文化学院东京研究所，1934年，第71页。

② 〔日〕五十岚贤隆：《太清宫志》，郭晓峰、王晶译，济南：齐鲁书社，2015年，第80页。

礼；纠仪大师，纠正戒子威仪；提科大师，负责经堂诵经礼忏，及经常事务；登箓大师，填写登真箓，为戒子起道号；迎请大师，也称迎请，住持大型道场，任高功。①

除了要对“三坛大戒”加以学习外，上文也提到戒子们还需要在戒期内诵读道教经典，五十岚贤隆在《太清宫志》中，记载了戒子在沈阳太清宫受戒时诵读的书目，即：

（一）太清宫传戒余编：1. 老子道德经 2. 阴符经发隐 3. 素书注 4. 辛酉戒坛余编跋后；

（二）道者须知：1. 老子真传 2. 阴符经序评语 3. 玉枢经约解 4. 清净经 5. 护命经约解 6. 玉皇心印经注序 7. 人元大道九层炼心文终经 8. 辨惑论 9. 后天串述 10. 道书须知跋

（三）群仙要语：1. 日用诀 2. 关尹子节要 3. 谭景升化书 4. 重阳祖师论打坐 5. 王母口诀 6. 虚靖天师心说大道歌 7. 吴尊师玄纲论诸章节要 8. 司马真人坐忘论 9. 曹仙姑大道歌 10. 池阳洗灯子然先生论八关节 11. 白玉蟾玄关显秘论 12. 丹阳马祖师直言 13. 谭真人语录 14. 长生刘真人直言 15. 丘真人西洲寄书 16. 太古真人要语 17. 清和尹真人语录 18. 杨大师论六通 19. 刘先生开述论 20. 栖云先生论冲和 21. 栖云先生后集 22. 离峰老人语录。②

这些书籍仅是清末沈阳太清宫传戒时，戒子所必须熟读的道

① 张建新、陈月琴编著：《西安八仙宫》，西安：三秦出版社，1993 年，第 98—99 页。

② 〔日〕五十岚贤隆：《太清宫志》，郭晓峰、王晶译，济南：齐鲁书社，2015 年，第 80—81 页。

书，其他十方丛林在书目上，或许有所不同，但是戒子们在戒期内须诵读和学习大量的道书是肯定且必要的，通过戒期内的艰苦修行，他们可以学习到作为道士所必须知道的道教教理教义。经过一段时间的集中学习，戒子们均要参加考试，由几位大师出题，应试之后，各戒子的成绩名次会按照《千字文》顺序排列“登真榜”公布出来，其中，“天”字号即表示成绩最优秀。

接受“三坛大戒”之后，是传授衣钵和发戒牒的仪式。由传戒的十方丛林发给戒子衣钵、戒牒。其中，戒牒是戒子受戒的凭证，戒子领取戒衣、戒牒后，由登箓大师将他们的名字载入“登真箓”，至此，戒子们就是正式的全真道士了。其中，律师们可能会择优选中戒子成为他们的继承者，剩下的戒子则可自由选择归属，有些人会前往大型的十方丛林中担任各种职务，有些人会去参访名山，云游四方，有些人则会选择回到自己原先的小庙中。无论其归属如何，对于接受过经戒的全真道士来说，此后必须按照全真道的清规戒律来严格要求自己的言行举止。受过经戒之人会在道门中起到一定的示范作用，因而对全真道的整体风气来说有着积极的意义。

此外，在十方丛林传戒的过程中，如为戒子们提供食宿，邀请德高望重的道长前来担任大师等事项都会产生一定的费用，这就需要有雄厚的财力给予支持。虽然戒子们一般会提供象征性的贡献，但更多时候财力支持是来源于世俗资助者。例如清朝末年，北京白云观的传戒活动，通常由太监资助。例如有一位叫刘素云，号诚印的全真道士，他曾是慈禧太后手下得力的太监。1871 年，刘素云出资举办了白云观的传戒律坛，在戒坛上，当时的白云观方丈张圆璿为他和后来的白云观方丈高仁峒一同传戒，此事也成了清末白云观与清宫内廷密切关系的一个纽带。据高万桑研究：“刘素云在为白云观提供捐助和支持方面一向非常慷慨。公元1871年至1890年，他帮助白云观集资高达44260两白银，其中一半以上是他自己捐助的。对于深处巨大社会经济变革时期的白云观来讲，这笔资金在保持会恢复道士的宫观生活方面发挥了非常重要的作用。其中，绝大部分的款项都用在了举办传戒律坛、修葺和建造观内房舍等方面。”① 此后，善于交际的白云观主持高仁峒在光绪年间先后传戒四次，戒子共计有1599人，如此惊人的传戒记录的背后是由刘素云这样的富有信众的捐赠。在清代中后期，白云观频繁的传戒活动，使其宫观规模得以扩展，宗教认同得以强化，同时这也显示出晚清全真龙门派日渐高涨的声势。

作为道教中两个不同的教派，正一道与全真道的法绪传承分为授箓与传戒两种方式。在正一道中，授箓是一项非常重要的仪式，因其具有极其神圣的意义，故必须有整套的仪式以保证之。明清之际，道门日渐式微，张洪任在《天坛玉格》的基础上，重新修订完成《正乙天坛玉格》。一方面它的出现表明了清初所有符箓派别归于正一道的大趋势，另一面它也成了此后正一道内部最为基本的规范，对于整顿道教的符箓教派有重要意义。相对而言，全真道士只有在接受传戒之后，才能依律修持，登真修仙。清初，全真道龙门派道士王常月改革了原先道门内部口口相授的传戒之法，重新修订“三坛大戒”，在北京、江南一带公开传戒，使全真戒法在全国为世人所知，促进了全真道龙门派在全国的发展。

① 〔法〕高万桑：《1700～1950年的全真教》，张广保编，宋学立译：《多重视野下的西方全真教研究》，济南：齐鲁书社，2013年，第393页

结 语

无规矩，不成方圆。国有国法，教有教规。道教作为中国土生土长的传统宗教，是中国古代社会生活中一个重要的组成部分，它自创立之后，对中国古代的政治、经济、文化等各方面都产生了重要的影响。道教活动的正常有序有利于社会的健康与和谐发展，若要保证道教正常发展就离不开对道教的有效管理，根据管理的主体及涉及内容的不同，可以分为国家政府的道教事务管理与道教教门内部的自治管理两个部分。因此，清代的道教事务管理亦由两部分构成，一是以清廷为主体的官方权力机构对道教组织及宗教活动的管理与规范，它不涉及道教组织具体的内部管理，主要是从外部对道教活动进行规范和引导，是国家政权对道教管理的政策、法规、制度等规范性的管理体系，其根本目的在于巩固清王朝统治；二是清代道教内部教团组织的自治管理，它是具有独立管理职能的道教组织对道教内部各种问题的管理，其内容主要为教团组织及教门领袖为规范道士行为而制定与实施的道教戒律、清规，以及道观内部的组织、人事、宗教活动、日常生活的规范性管理体系，其管理目标与实现途径都呈现出多样化特征。过去学术界对清代道教管理制度的研究，多是从官方对道教的管理政策的制定方面做研究，对清代道教事务管理的整体性研究成果较少。

本书力图综合教内、教外两个研究角度，一方面，在清代社会的大背景下，对清朝诸帝的道教政策及各朝制定和实施的各种道教管理制度的背景、内容、影响进行全面的分析与探讨；另一方面，对清代道教教门内部的自治管理相关的组织、生活、传戒与授箓等制度加以介绍和解读，并对清代道门内如王常月、张清夜、董清奇等有识道士在道教戒律方面的理论思想进行阐述，以实现对清代道教事务管理进行全面性和深入性的研究。

从清朝政府对道教事务的管理角度来看，在特定历史时期内，统治者制定和实施的某方面的道教管理制度，有一定继承性和连续性，如清王朝的文教政策以“黜异端以崇正学”为主，纵观有清一代，历朝皇帝除对个别高道或道教首领有所礼遇外，基本遵循康熙帝所强调的“一切僧、道原不可过于优崇，若一时优崇，日后渐加纵肆，或别致妄为。尔等识之”① 的准则，对历代信奉与祭祀的文昌、吕祖、关帝等道教神灵，按照传统礼制加以祠祀；对一些重要的道教宫观，如龙虎山上清宫、北京白云观等依然加以修葺和赏赐。但对道教在清代社会中的整体发展加强了管束和抑制，管理政策基本以排斥和管制为主，间或有利用和安抚的情况。在清代，尤以乾隆朝的道教管理最为严厉，正一道领袖正一真人的地位与礼遇更是遭到了前所未有的贬抑。清中后期，民间宗教大量出现，在社会中影响也日益扩大，加之外忧

① 《清圣祖实录》卷111，《清实录》，北京：中华书局，1985年，第5册，第132页。

内乱的国情，帝王们对道教的管理以约束和防范为主，除偶有礼遇外，几乎无暇顾及道教。

具体而言，清王朝有关道教的管理法规，主要以帝王的诏敕谕旨的形式，由中央下达至地方，兼有礼部等政府部门制定规章制度，这是道众所必须遵守的外部规范，与其道教修行与日常生活有着密切关系。在清代，作为官方设置的专门的道教管理机构，道录司及地方道教管理机构虽沿袭明朝旧制，但也有变化，如添加正、副印及协理等新的道官职位，加强对道官的选补的干预力度，剥夺地方道官的度牒发放权，一度取消地方道教管理机构的印信，重新颁发后的印信规制被降低，这些都是清朝统治者对道教的行政管理加强的反映。神乐观在明清两朝国家祭祀中都曾担任礼乐事务，在乾隆帝看来有违礼制，神乐观的原有职能和特权被取消，接受了清廷的全面整改，最终实现了彻底的去道教化。

在古代，道教度牒是道士合法身份的证明。由于清初社会动荡，国家财政吃紧，顺治朝的道教度牒制度，曾因是否纳银给牒出现了几次反复的状况。最终官方取消了纳银给牒的规定，此后，清朝再无纳银给牒的规定。康、雍两朝的道教度牒制度变化不大，道教度牒曾一度免于发放。乾隆帝自当政始，先以清厘佛、道为由，对道教的度牒制度进行重新修订，并为此颁布了一系列的谕旨。到乾隆四年（1739），乾隆帝停止颁发度牒转而实行师徒传牒制度，此后又有每年的督抚奏报僧、道实减人数的规定，并实行了以“四柱清册”为主要形式的道籍管理办法。然而，这些复杂而严苛的道教度牒管理办法的效果并未达到乾隆帝的预期，加之，乾隆帝本人愈发感觉到管理道教事务的复杂与困难，最终在乾隆朝中期，终止了对道教度牒的管理，并最终废除了道教度牒管理制度。

道教宫观是道士们的修道、栖身之所，也是道教信仰传播的主要场所。清政府对道教宫观进行了各方面的管制，以压制道教势力的扩张。其管理主要涉及对既有道教宫观的保护，对新宫观创建的严格限制；对道教宫观经济来源，如田产，房屋租赁和修造的管理，及道教宫观社会功能中的民间的赛会活动的管控等方面。这些管理举措，虽然有些效果不佳，但也反映出当时道教在社会发展所受的官方限制的情况，这与道教在清代日趋衰落不无关系。

从清王朝对道教事务的管理中，不难看出道教在清代整体地位的下降，这实际也是清朝君主专制主义中央集权空前加强的历史现实的直接体现。在高度集中的君主专制体制下，为了巩固统治，清朝诸帝构建了一个完整而复杂的道教管理体系，在管理方式上，以强化道教管理为主，辅以适时顺从民意，这样既能控制道教发展，防范教众作乱，又能引导民众信仰，最终满足统治者的实际的政治需要，一定程度上体现了实用主义的管理思想。

不过，在管理过程中，帝王个人对道教的好恶情绪对道教政策和制度的制定和实施产生一定影响，例如雍正帝与乾隆帝对道教的态度对比。雍正帝本人喜好道教丹药，崇信正一道士娄近垣，对道教的管理相对宽松，并且给予了正一道诸多礼遇。反观乾隆帝对道教则是直接的排斥态度，他自当政之初，便对道教度牒、道教宫观修造、正一真人及道士娄近垣、神乐观的整改等进行严格的抑制和管理。乾隆年间，正一道领袖正一真人地位和礼遇直接遭到了贬抑，这直接导致了过去道教赖以贵盛的上层发展道路被堵死，使得清代中后期的上层道教发展整体趋向衰落。为寻求新的发展空间，加之本身世俗化倾向的日渐发展，道教反倒是更加广泛地融入了士庶大众的日常生活之中，在中下层社会的生产、生活中的影响颇为显著。

从道教教门内部的管理角度来看，全真道主张道士出家、清修、住观，尤为重视自身约束，故在清代道教内部管理的发展方面有着突出的贡献。这些贡献主要体现在对道教丛林组织制度、生活及修持制度、戒律及清规榜的发展之中。

明清之际，全真道在王常月等高道的带领下，实现了“龙门中兴”，全真道在各地开始公开传戒，使全真道在全国得以迅速传播开来。全真高道在各地区积极传道，并致力于道教宫观庙宇的创建与修复工作。全真道的公开传戒，促进了道教丛林的兴盛发展，各地区的有志道士在历代道教内部管理制度的基础上，丰富和完善了道教的丛林管理体系。对道教来说，戒律不仅仅是个人修行的根本，也是教团组织正常运作的重要保证。可以说，道教的戒律的繁简演化及践行程度都是道教兴衰的表征。明清之际，道教戒律松弛，为扭转道门颓败的风气，清代的有识道士如王常月、张清夜、董清奇等人决心从加强道教戒律建设的角度整顿道教内部的不良风气，这些理论思想对全真道在清代的中兴起到非常明显的促进作用，稳定了全真教团的发展。

清代道教的两大道派中，正一道授予道士经箓法职的科仪是“授箓”，全真道向道士传授戒规律法的科仪是“传戒”。通过这两项科仪，道众可以加深自身信仰，取得合法的道士地位，这是他们在修道生涯中的重要一步。道教通过举行“授箓”和“传戒”活动，可以整合教团、演示教义、教授规法、教习科仪，提高道士群体的整体素质，有利于道法的继承和传续。为了加强道教的自身建设，王常月与张洪任在前人基础上，分别重新修订了这两项科仪，对后世的道法传承影响颇为深远。

通过对清代道教事务管理的外、内两个部分的深度挖掘，我们不难发现，前者是清朝政府在吸取前朝（明朝）的经验与教训的基础上，根据本朝的实际情况，对道教整体所采取的控制性原则、策略和措施，并不局限于对道众或道教某个具体方面的治理。在清王朝对道教事务的管理过程中，官方根据具体情况也会适时地调整管理策略，将道教活动置于官方的行政管理系统内，防止其过度发展与扩张，进而威胁封建王权统治，具有一定的原则性与灵活性。官方的道教管理是为了巩固帝王的中央集权统治，但在度牒等方面的管理也能对道教本身起到一些正面的作用，因道众出身、品性、学识的参差不齐，官方管理对提高道众的整体素质有一定的积极意义。后者是清代道教内部组织涉及的组织、人事、宗教活动、日常生活等方面的规范性管理。其管理的目标根据各教团组织具体情况的不同，呈现出多样性特征，不过，由于道教组织本身是服务于道众修道而存在，故道教内部管理不仅是为了维持道教组织内部的秩序性，更有加深道众宗教信仰、提升其修道境界的神圣性目的。作为清朝子民的道众，其修持与生活活动必须要在世俗政权的管辖范围内进行，否则就会遭到官方的严厉打击。因此，道教内部的管理规范基本都会强调道众必须遵守国法，不得玷辱道风。

虽然道教在上层社会受到冷落，但在下层社会，道教与民间信仰的融合趋势加深，一些民间信仰中的主神逐渐出现在道教神仙体系中，得到了道教的认可。在社会生活中，宗教信仰是一个重要的组成部分。清代社会生活的变动和转型在宗教信仰中也留下了痕迹。道教在清代完成了从官方到民间、从上层到下层的转移，走上了世俗化的道路。同时，道教在自身管理方面的完善，对近代乃至今天的道教管理仍有着重要的影响与现实的意义。

自东汉末年至有清一代，道教历经近两千年的发展，回顾每个历史时期的道教管理制度，不难发现其总是在前代的基础上，根据时代背景及自身需要不断地健全和完善。因此，今天的道教管理制度也是对清代道教管理体系中有益于社会道德风化建设和道教道风建设的内容的继承和发扬。随着社会的发展，道教本身也面临着新时代发展的要求。近代历史的变革，社会经济的发展，文化的复兴，这些都对道教这一古老宗教的发展带来了好的机遇，同时也给道教本身带来了一定冲击。道教内部管理建设方面的滞后现象也十分常见，这些都造成了戒律松弛、信仰淡化、过度世俗化等不良现象，这些现象的出现明显不利于道教的继续健康发展。当然，这些问题已经受到一些道教界有识之士的高度重视，他们提出了加强道教戒律建设和宫观管理的办法。中国道教协会也把加强道教管理和推动道教自身建设列为工作重点，并相继出台了一系列规章制度和管理办法，如《关于全真派道士传戒的规定》（1989）、《关于道教散居正一派道士管理暂行办法》（1998）、《关于道教宫观管理办法》（1998）、《关于正一派道士授箓的规定》（2001）、《道教教职人员认定办法》（2007）等。

结合以往的历史经验，笔者认为解决当前道教管理问题需要从道教戒律与道教宫观管理方面入手。

对道教教团而言，为保证内部组织的有序运作，必须要有宗教纪律来规范道士的行为举止，这就是道教戒律。首先，道教组织及道门领袖要意识到加强现代的戒律建设的重要性，它可以提高道众的信仰水平及加强道门的自身建设。同时，为适应社会发展的新环境，在继承道教传统的戒律的基础上，教团应结合道教发展现状，有针对性地制订符合现代社会的规戒条文。对于传统戒律中为世人所承认和接受的社会公共伦理道德，如“戒杀、戒偷盗、戒贪欲”及提倡与人为善等要加以继承。其次，教团要提高道教道众的知识文化水平，这样既有利于保持古代的优良传统，又能适应现代道教宫观管理的需要。教团要树立道教在社会中的良好形象，端正道风，促进道教的健康发展。再次，还要注意道教组织和宗教场所（宫观等）不是普通的机关团体，不能仅仅依靠现代的管理理念对其进行大刀阔斧的改革，由于宗教信仰的神圣性和特殊性，现代道教的管理必须考虑到道众的信仰问题，可以通过让道教徒树立正确的、纯洁的信仰，使其拥有良好的信仰风范和道德情操。

道教宫观是道教文化的主要载体之一，它是道士进行祀神、修行、传道等宗教活动的场所。在新的社会历史条件下，现代道教宫观管理需要注意以下几个方面。首先是宫观人员的信仰问题，宫观的管理其实质是将道教的教理教义、行为准则、最终理想灌输给道教徒，使其拥有宗教的认同感，树立其自己的信仰。其次是宫观人员信仰之上的现实追求，人们对宫观的印象很大程度上取决于道士的素质。在如今“商业化”潮流的冲击下，若道士树立起清静之心、道容整洁、行止合度，体现出宫观场所的庄严性与神圣性，人们对道教的好感也就油然而生了。同时，宫观还要做到与时俱进，积极地融入社会，服务民众，促进道教与社会的和谐。再次是调整和规范宫观人员之间的利益关系，宫观的领导层要在道众的职级、待遇、生活等方面，都尽量做到“公正”“无私”“团结”，以维持宫观内部的稳定与发展。不过，无论是那一个方面，都离不开“以人为本”这个前提。道教讲究无为而治，宫观管理想要实现这个理想，主要依靠的是道众自身的自律与直觉，这就需要提高道众的整体文化素质与道德素养。

参考文献

一、古典文献、工具书

1. 《道藏辑要》，成都：成都二仙庵1906年刻本。

2. 陈梦雷、蒋廷等编：《古今图书集成》，上海：上海书局，1934年。

3. ［清］清高宗敕撰：《清朝通志·十通第六种》，上海：商务印书馆，1935年。

4. ［清］清高宗敕撰：《清朝通典·十通第三种》，上海：上海商务印书馆，1935年。

5. ［清］刘锦藻撰：《清朝续文献通考》，上海：商务印书馆，1936年。

6. ［清］任永真：《三乘集要》，西安：西京克兴印书馆代印，1936年。

7. ［清］程树德：《九朝律考》，北京：中华书局，1963年。

8. ［清］清高宗敕撰：《清朝文献通考》，台北：新兴书局，1965年。

9. 台北故宫博物院：《宫中档光绪朝奏摺》，台北：台北故宫博物院印行，1973年。

10. ［清］张廷玉等撰：《明史》，北京：中华书局，1974年。

11. 台北故宫博物院：《宫中档康熙朝奏摺》，台北：台北故宫博物院印行，1976 年。

12. 赵尔巽等撰：《清史稿》，北京：中华书局，1977 年。

13. 故宫博物院明清档案部、中国第一历史档案馆编：《清代档案史料丛编》，北京：中华书局，1978 年。

14. 台北故宫博物院：《宫中档雍正朝奏摺》，台北：台北故宫博物院印行，1979 年。

15. ［清］昭梿：《啸亭杂录》，北京：中华书局，1980 年。

16. ［清］清世宗：《世宗宪皇帝御制文集》，台北：商务印书馆，1983 年。

17. 台北故宫博物院：《宫中档乾隆朝奏摺》，台北：台北故宫博物院印行，1985 年。

18. ［清］孙静庵编著，赵一生标点：《明遗民录》，杭州：浙江古籍出版社，1985 年。

19. 《清实录》（影印本），北京：中华书局，1985—1987 年。

20. ［清］徐珂：《清稗类钞》，北京：中华书局，1986 年。

21. ［清］英廉：《钦定日下旧闻考》，北京：古籍出版社，1988 年。

22. 张伟仁主编，台北“中研院”历史语言研究所编辑：《明清档案》，台北：联经出版事业公司影印，1986 年。

23. 四川省档案馆、四川大学历史系：《清代乾嘉道巴县档案选编》，成都：四川大学出版社，1989 年。

24. 守一子主编：《道藏精华录》，杭州：浙江古籍出版社，1989 年。

25. 文海出版社主编：《近代中国史料丛刊三编·钦定大清会典事例》，新北：文海出版社，1991 年。

26. 《藏外道书》，成都：巴蜀书社，1992 年。

27. ［清］董秉忠、孙成等纂：《盛京通志》，北京：全国图书馆缩微文献复制，1992 年。

28. 马建石、杨育裳主编：《大清律例通考校注》，北京：中国政法大学出版社，1992 年。

29. 王忠信编著：《楼观台道教碑石》，西安：三秦出版社，1995 年。

30. 任继愈主编：《道藏提要》，北京：中国社会科学出版社，1995 年修订版。

31. 陈显远编著：《汉中碑石》，西安：三秦出版社，1996 年。

32. 《四库全书存目丛书》编纂委员会编：《国朝典汇》，《四库全书存目丛书》，济南：齐鲁书社，1996 年。

33. 龙显昭、黄海德主编：《巴蜀道教碑文集成》，成都：四川大学出版社，1997 年。

34. 北京图书馆金石组编：《北京图书馆藏中国历代石刻拓本汇编》，郑州：中州古籍出版社，1997 年。

35. 刘兆鹤、王西平编著：《重阳宫道教碑刻集》，西安：三秦出版社，1998 年。

36. 苏晋仁、萧链子选辑：《历代释道人物志》，成都：巴蜀书社，1998 年。

37. 龚鹏程、陈廖安主编：《中华续道藏》初辑，台北：新文丰出版公司，1999 年。

38. 萧天石主编：《道藏精华》，台北：自由出版社，1999 年。

39. 高小健主编：《中国道观志丛刊》，南京：江苏古籍出版社，2000 年。

40. ［清］沈之奇撰，怀效锋、李俊点校：《大清律辑注》，北京：法律出版社，2000 年。

41. ［清］俞正燮：《癸巳存稿》，沈阳：辽宁教育出版社，2003 年。

42. 张智、张健主编：《中国道观志丛刊续编》，扬州：广陵书社，2004 年。

43. 张继禹主编：《中华道藏》，北京：华夏出版社，2004 年。

44. 乔匀主编：《中国古建筑大系 7 · 道教建筑：神仙宫观》，北京：中国建筑工业出版社，2005 年。

45. 张正明、〔英〕科大卫主编：《明清山西碑刻资料选》，太原：山西人民出版社，2005 年。

46. 张正明、〔英〕科大卫、王勇红编著：《明清山西碑刻资料选续一》，太原：山西古籍出版社，2007 年。

47. 中国第一历史档案馆编：《乾隆朝上谕档》，桂林：广西师范大学出版社，2008 年。

48. 张正明、〔英〕科大卫、王勇红编著：《明清山西碑刻资料选续二》，太原：山西经济出版社，2009 年。

49. 上海书店出版社编：《清代档案史料选编》，上海：上海书店出版社，2010 年。

50. 赵卫东、宫德杰主编：《山东道教碑刻资料集：临朐卷》，济南：齐鲁书社，2011 年。

51. 何建明主编：《中国地方志佛、道教文献汇纂》，北京：国家图书馆出版社，2012 年。

52. ［清］董清奇：《除欲究本》，西安：陕西会真庵藏版，湖北黄中宫刊行版。

二、学术论著

1. 王明编：《太平经合校》，北京：中华书局，1960 年。

2. 李养正：《道教概说》，北京：中华书局，1989 年。

3. 张继禹：《天师道史略》，北京：华文出版社，1990 年。

4. 饶宗颐：《老子想尔注校证》，上海：上海古籍出版社，1991 年。

5. 卿希泰主编：《道教与中国传统文化》，福州：福建人民出版社，1992 年。

6. 刘俊文主编：《日本学者研究中国史论著选译》，许洋等译，第七卷《思想宗教》，北京：中华书局，1993 年。

7. 张建新、陈月琴编著：《西安八仙宫》，西安：三秦出版社，1993 年。

8. 王光德、杨立志：《武当道教史略》，北京：华文出版社，1993 年。

9. 胡孚琛主编：《中华道教大辞典》，北京：中国社会科学出版社，1995 年。

10. 李养正：《道教经史论稿》，北京：华夏出版社，1995 年。

11. 朱越利：《中国道教宫观文化》，北京：宗教文化出版社，1996 年。

12. 卿希泰主编：《中国道教史》（四卷本），成都：四川人民出版社，1996 年。

13. 瞿兑之：《人物风俗制度丛谈》，太原：山西古籍出版社，1997 年。

14. 党圣元、李继凯：《中国古代的道士生活》，北京：商务印书馆，1997 年。

15. 闵智亭：《道教全真科仪》，台北：文津出版社，1998 年。

16. 蒙文通：《蒙文通文集》，第六卷《道书辑校十种》，成都：巴蜀书社，1998 年。

17. 李学勤主编，陈祖武、汪学群撰：《中国文化通志 · 历代文化沿革典》，上海：上海人民出版社，1998 年。

18. 汤一介主编，胡孚琛、陈耀庭、王卡、刘仲宇等撰：《中国文化通典 · 宗教与民俗典 · 道教志》，上海：上海人民出版社，1998 年。

19. 张泽洪：《道教斋醮科仪研究》，成都：巴蜀书社，1999 年。

20. 于本源：《清王朝的宗教政策》，北京：中国社会科学出版社，1999 年。

21. 王志忠：《明清全真教论稿》，成都：巴蜀书社，2000 年。

22. 牟钟鉴、张践：《中国宗教通史》，北京：社会科学文献出版社，2000 年。

23. 任继愈：《中国道教史》，北京：中国社会科学出版社，2001 年。

24. 湖南省道教文化研究中心主编：《道教与南岳》，长沙：岳麓书社，2003 年。

25. 唐代剑：《宋代道教管理制度研究》，北京：线装书局，2003 年。

26. 李养正：《新编北京白云观志》，北京：宗教文化出版社，2003 年。

27. 陈麟书、陈霞：《宗教学原理》，北京：宗教文化出版社，2003 年。

28. 张研、牛贯杰：《清史十五讲》，北京：北京大学出版社，2004 年。

29. 闵智亭：《道教仪范》，北京：宗教文化出版社，2004 年。

30. 吴蕙芳：《明清时期的民间生活实录》，台北：花木兰出版社，2005 年。

31. 常建华：《清代的国家与社会研究》，北京：人民出版社，2005 年。

32. 余敦康、吕大吉、牟钟鉴、张践：《中国宗教与中国文化》卷四《宗教·政治·民族》，北京：中国社会科学出版社，2005 年。

33. 萧一山：《清代通史》，上海：华东师范大学出版社，2006 年。

34. 萧霁虹、董允：《云南道教史》，昆明：云南大学出版社，2007 年。

35. 罗莉：《中国佛、道寺观经济形态研究》，北京：中央民族大学出版社，2007 年。

36. 张凤林主编：《道教戒律与宫观管理》，北京：宗教文化出版社，2008 年。

37. 林西朗：《唐代道教管理制度研究》，成都：巴蜀书社，2008 年。

38. 赵轶峰：《明代国家宗教管理制度与政策研究》，北京：中国社会科学出版社，2008 年。

39. 杨玉辉：《宗教管理学》，北京：人民出版社，2008 年。

40. 唐怡：《道教戒律研究》，成都：巴蜀书社，2008 年。

41. 卿希泰、詹石窗主编：《中国道教思想史》，北京：人民出版社，2009 年。

42. 樊光春：《西北道教史》，北京：商务印书馆，2010 年。

43. 杨启樵：《明清皇室与方术》，上海：上海书店，2010 年。

44. 国家宗教事务局政策法规司主编：《宗教事务条例相关法律法规及政策手册》，北京：宗教文化出版社，2010 年。

45. 傅勤家：《中国道教史》，北京：商务印书馆，2011 年。

46. 陈振汉：《清实录经济史资料：顺治—嘉庆朝》，北京：北京大学出版社，2012 年。

47. 詹石窗：《道教文化十五讲》，北京：北京大学出版社，2012 年。

48. 吴亚魁：《江南全真道教》，上海：上海古籍出版社，2012 年。

49. 刘仲宇、吉宏忠主编：《正一道研究》第二辑，北京：宗教文化出版社，2013 年。

50. 段志德：《新中国宗教工作史》，北京：人民出版社，2013 年。

51. 刘仲宇：《道教授箓制度研究》，北京：中国社会科学出版社，2014 年。

52. 汪桂平：《东北全真道研究》，北京：中国社会科学出版社，2014 年。

53. 尹志华：《清代全真教历史新探》，香港：香港中文大学出版社，2014 年。

54. 江峰：《中国历代天师评传》第五卷，南昌：江西人民出版社，2014 年。

55. 张广保：《全真教的创立和历史传承》，北京：中华书局，2015 年。

56. 周德全：《道教与封建王权政治交流研究》，北京：人民出版社，2015 年。

57. 刘康乐：《中国道官制度史》，郑州：中州古籍出版社，2020 年。

三、外国译著

1. 〔日〕小柳司气太：《道教概说》（民国万有文库本），陈彬龢译，上海：商务印书馆，1926 年。

2. 〔日〕小柳司气太：《白云观志》（附《东岳庙志》），东方文化学院东京研究所 1934 年藏版。

3. 〔日〕窪德忠：《道教史》，萧坤华译，上海：上海译文出版社，

1987 年。

4. 〔日〕福井康顺等监修：《道教》，朱越利译，上海：上海古籍出版社，1990 年。

5. 〔日〕池田大作，〔英〕B. 威尔逊：《社会与宗教》，成都：四川人民出版社，1991 年。

6. 〔法〕安娜·塞德尔：《西方道教研究史》，蒋见元、刘凌译，上海：上海古籍出版社，2000 年。

7. 〔美〕罗友枝：《清代宫廷社会史》，周卫平译，雷颐审校，北京：中国人民大学出版社，2009 年。

8. 〔法〕爱弥儿·涂尔干：《宗教生活的基本形式》，渠东、汲喆译，北京：商务印书馆，2011 年。

9. 〔日〕森正夫、野口铁郎、滨岛敦俊、岸本美绪、佐竹靖彦编：《明清时代史的基本问题》，周绍泉、栾成显等译，北京：商务印书馆，2013 年。

10. 张广保编：《多重视野下的西方全真教研究》，宋学立译，济南：齐鲁书社，2013 年。

11. 〔日〕五十岚贤隆：《太清宫志》，郭晓峰、王晶译，济南：齐鲁书社，2015 年。

四、学术论文

1. 〔日〕细谷良夫：《雍正朝的正一教——以法官娄近垣为中心》，张泽洪译，《宗教学研究》，1994 年 Z1 期。

2. 杨立刚：《明清时期武当宫观经济收入初探》，《武当学刊》（社会科学版），1994 年第 4 期。

3. 王金香：《乾隆年间灾荒述略》，《清史研究》，1996 年第 4 期。

4. 李国荣：《雍正与丹道》，《清史研究》，1999 年第 2 期。

5. 唐大潮：《〈阴符发秘〉、〈玄门戒白〉思想浅析》，《宗教学研究》，

2004 年第 2 期。

6. 王仲尧：《南宋临安及明清杭州道教宫观考》，《杭州师范学院学报》（社会科学版），2005 年 11 月。

7. 唐怡：《全真道戒律的发展历史与特征》，《云南民族大学学报》，2006 年 3 月。

8. 丁培仁：《道教戒律书考要》，《宗教学研究》，2006 年第 2 期。

9. 杨立志：《论清代湖广官吏与武当山建筑维修》，《湖北社会科学》，2006 年第 6 期。

10. 刘永华：《明清时期的神乐观与王朝礼仪—道教与王朝礼仪互动的一个侧面》，《世界宗教研究》，2008 年第 3 期。

11. 张经久：《王权膨胀与道教衰落——雍正与道教关系论析》，《西北民族大学学报》（哲学社会科学版），2008 年第 3 期。

12. 赵轶峰：《度牒制度与清前期社会制度变迁》，《求是学刊》，2008 年第 2 期。

13. 孔祥吉、〔日〕村田雄二郎：《京师白云观与晚清外交》，《社会科学研究》，2009 年第 2 期。

14. 梅莉：《明清政府对武当山进香的管理》，《中国社会经济学史研究》，2009 年第 2 期。

15. 郑永华：《清代乾隆初年道教史事两则考订》，《宗教学研究》，2009 年第 3 期。

16. 周德全：《清初道教“沉寂”原因探论》，《宗教学研究》，2009 年第 1 期。

17. 樊光春：《陕西留坝张良庙十方丛林志》，《全真道研究》，2011 年第 2 期。

18. 刘怀荣、石飞飞：《清代崂山道教发展考略》，《青岛大学师范学院学报》，2012 年第 4 期。

19. 王芳妮、赖全：《论清代民国年间全真道宫观经济与地方社会——

以陕西留坝张良庙为个案的研究》,《求索》,2013 年第 1 期。

20. 〔美〕韩书瑞:《北京妙峰山的进香之旅:宗教组织与圣地》,《民俗研究》,2013 年第 1 期。

21. 张金涛:《道教授箓制度的历史与现状》,《中国道教》,2015 年第 2 期。

五、学位论文

1. 范成忠:《清代康雍乾时期的宗教政策研究》[硕士学位论文],新疆师范大学,2009 年。

2. 郭金凤:《清代广州道教初探》[硕士学位论文],广州大学,2009 年。

3. 张巍青:《王常月戒律思想研究》[硕士学位论文],西南大学,2010 年。

4. 李安:《王常月道教改革思想初探》[硕士学位论文],中央民族大学,2011 年。

后　记

2007年，我考入了四川大学，本科专业是哲学，这也为我后来的学术之路打下了最初的理论基础。回想自己十年的大学生涯，最有感触的还是在四川大学道教与宗教文化研究所日日夜夜的寒窗苦读。在那里，我遇到了最重要的人生导师——卿希泰先生。2011年，经学校选拔，我来到了宗教所，有幸拜于卿先生门下，跟随其学习。老师的学识和德行都让我敬仰无比，可以说，是他让我如沐春风般地度过了整个研究生阶段。然而，如今在博士论文付梓之际，老师却早已驾鹤仙去，我无法再请他作序，只留下心中无限的失落与遗憾。

不过，还是要感谢这些年，尤其是在博士论文写作过程中，曾经给予过我关怀和帮助的诸位师友，如盖建民老师、李刚老师、李远国老师、李大华老师、周冶老师等，各位老师对我提出的问题和疑惑，都给予了宝贵的意见和建议。在答辩过程中，师姐孙瑞雪、师妹张丽霞也提供无私的援助。另外，我还要特别感谢何世明道友，虽素昧平生，他却十分热心地借出珍贵的教内文献，为我的毕业论文提供了重要的文献资料。最后，我要感谢我的父亲、母亲和妹妹，这几年风雨兼程，纵然辛苦，因有最亲爱的家人始终相伴左右，让我有信心完成学业。回首求学之路上的点点滴滴，我的成长与进步都离不开师友们的鞭策与帮助，在此，再次衷心地感谢他们。

由　申

2022年4月

《儒道释博士论文丛书》已出书目

第一批(1999 **年**)

道教斋醮科仪研究　张泽洪著

道教炼养心理学引论　张　钦著

道教劝善书研究　陈　霞著

道教与神魔小说　苟　波著

净明道研究　黄小石著

第二批(2000 **年**)

神圣礼乐——正统道教科仪音乐研究　蒲亨强著

魏晋玄学人格美研究　高华平著

明清全真教论稿　王志忠著

佛教与儒教的冲突与融合　彭自强著

经验主义的孔子道德思想及其历史演变　邓思平著

第三批(2001 **年**)

宋元老学研究　刘固盛著

道教内丹学探微　戈国龙著

汉魏六朝道教教育思想研究　汤伟侠著

般若与老庄　蔡　宏著

刘一明修道思想研究　刘　宁著

晚明自我观研究　傅小凡著

第四批(2002 **年**)

近现代以佛摄儒研究　李远杰著

礼宜乐和的文化思想　金尚礼著

生死超越与人间关怀——神仙信仰在道教与民间的互动　李小光著

近现代居士佛学研究　刘成有著

生命的层级——冯友兰人生境界说研究　刘东超著

第五批(2003 **年**)

中国佛教僧团发展及其研究　王永会著

实相本体与涅槃境界　余日昌著

斋醮科仪　天师神韵　傅利民著

荷泽宗研究　聂　清著

精神分析与佛学的比较研究　尹　立著

太虚对中国佛教现代化道路的抉择　罗同兵著

终极信仰与多元价值的融通　姚才刚著

第六批(2004年)

西学东渐与明清实学　李志军著
上清派修道思想研究　张崇富著
北宋《老子》注研究　尹志华著
相国寺
——在唐宋帝国的神圣与凡俗之间　段玉明著
熊十力本体论哲学研究　郭美华著
关于知识的本体论研究
——本质　结构　形态　昌家立著
明代王学研究　鲍世斌著
中国技术思想研究
——古代机械设计与方法　刘克明著
朱熹与《参同契》文本　钦伟刚著
中国律宗思想研究　王建光著

第七批(2005年)

元代庙学
——无法割舍的儒学教育链　胡　务著
牟宗三"道德的形而上学"研究　闵仕君著
隋唐五代道教美学思想研究　李　裴著
宋元道教易学初探　章伟文著
杜光庭《道德真经广圣义》的道教哲学研究　金兑勇著
天台判教论　韩焕忠著
杜光庭道教小说研究　罗争鸣著
魏源思想探析　李素平著
泰州学派新论　季芳桐著
《文子》成书及其思想　葛刚岩著
傅金铨内丹思想研究　谢正强著

第八批(2006年)

汉末魏晋南北朝道教戒律规范研究　伍成泉著
两性关系本乎阴阳
——先秦儒家、道家经典中的性别意识研究　贺璋瑢著
陈撄宁与道教文化的现代转型　刘延刚著
扬雄《法言》思想研究　郭君铭著
《周易禅解》研究　谢金良著
明清道教与戏剧研究　李　艳著
王弼易学解经体例探源　尹锡珉著
唐代道教管理制度研究　林西朗著
四念处研究　哈　磊著
天人之际的理学新诠释
——王夫之《读四书大全说》思想研究　周　兵著

第九批(2007年)

晚明狂禅思潮与文学思想研究　赵　伟著
先秦儒家孝道研究　王长坤著
致良知论
——王阳明去恶思想研究　胡永中著

伍守阳内丹思想研究　丁常春著
贝叶上的傣族文明
——云南德宏南传上座部佛教社会考察研究　吴之清著
朱子论"曾点气象"研究　田智忠著
二十世纪中国道教学术的新开展　傅凤英著
道教与基督教生态思想比较研究　毛丽娅著
汉晋文学中的《庄子》接受　杨　柳著
马祖道一禅法思想研究　邱　环著
道教自然观研究　赵　芃著

第十批(2008年)

王船山礼学思想研究　陈力祥著
王船山美学基础
——以身体观和诠释学为进路的考察　韩振华著
马来西亚华人佛教信仰研究　白玉国著
《管子》哲学思想研究　张连伟著
东晋佛教思想与文学研究　释慧莲著
北宋禅宗思想及其渊源　土屋太祐著
早期道教教职研究　丁　强著
隋唐五代道教诗歌的审美管窥　田晓膺著
道教与明清文人画研究　张明学著
道教戒律研究　唐　怡著

第十一批(2009年)

驯服自我
——王常月修道思想研究　朱展炎著
道经图像研究　许宜兰著
阳明学与佛道关系研究　刘　聪著
清代净土宗著述研究　于海波著
宗教律法与社会秩序
——以道教戒律为例的研究　刘绍云著
老子及其遗著研究
——关于战国楚简《老子》、《太一生水》、《恒先》的考察　谭宝刚著
汉唐道教修炼方式与道教女性观之变化研究　岳齐琼著
宋元三教融合与道教发展研究　杨　军著
都市佛寺的社会交换研究　肖尧中著
早期天台学对唯识古学的吸收与抉择　刘朝霞著

第十二批(2010年)

道教社会伦理思想之研究　何立芳著
印度佛教净土思想研究　汪志强著
社会转型下的宗教与健康关系研究　冯小林著

教化与工夫
——工夫论视域中的阳明心学系统 陈多旭著
心性灵明之阶
——早期全真道情欲论思想研究 刘恒著
中古道书语言研究 冯利华著
近现代禅净合流研究 许颖著
永明延寿心学研究 田青青著
中国传统社会宗教的世俗化研究
——以金元时期全真教社会思想与传播为个案 夏当英著
成玄英《庄子疏》研究 崔珍皙著

第十三批(2011年)

道医陶弘景研究 刘永霞著
汉代内学
——纬书思想通论 任蜜林著
一心与圆教
——永明延寿思想研究 杨文斌著
三教关系视野中的陈景元思想研究 隋思喜著
蒙文通道学思想研究 罗映光著
敦煌本《太玄真一本际经》思想研究 黄崑威著
总持之智
——太虚大师研究 丁小平著
明清民间宗教思想研究
——以神灵观为中心 刘雄峰著
东晋宋齐梁陈比丘尼研究 唐嘉著
《贞观政要》治道研究 杨琪著

第十四批(2012年)

老子八十一化图研究 胡春涛著
马一浮思想研究 李国红著
《老子》思想溯源 刘鹤丹著
“仙佛合宗”修道思想研究 卢笑迎著
方东美论道家思想 施保国著
湛甘泉哲学思想研究 王文娟著
仪式的建构与表达
——滇南建水祭孔仪式的文化与记忆 曾黎著
智旭佛学易哲学研究 张韶宇著
悟道·修道·弘道
——丘处机道论及其历史地位 赵玉玲著
隋唐道教与习俗 周波著

第十五批(2013年)

庄子哲学的后现代解读 郭继明著
法藏圆融之“理”研究 孙业成著
汉传佛教寺院经济演变研究 于飞著
魏晋南北朝社会生活与道教文化 刘志著

中古道官制度研究　刘康乐著
金元道教信仰与图像表现——以永乐宫壁画为中心　刘　科著
元代道教戏剧研究　廖　敏著
明代灵济道派研究　王福梅著
中国宗教的慈善参与新发展及机制研究　明世法著
两晋南北朝时期河陇佛教地理研究　杨发鹏著

第十六批(2014 年)

道教气论学说研究　路永照著
历史中的镜像——论晚明僧人视域中的《庄子》　周黄琴著
从玄解到证悟——论中土佛理诗之发展演变　张君梅著
回归诚明——李翱《复性书》研究　韩丽华著
图像与信仰——中古中国维摩诘变相研究　肖建军著
中国道教经籍在十九世纪英语世界的译介研究　俞森林著
四川道教宫观建筑艺术研究　李星丽著
道与艺——《庄子》的哲学、美学思想与文学艺术　胡晓薇著
李光地易学思想研究　冯静武著
显隐哲学视域中的文艺审美　杨继勇著

第十七批(2015 年)

赞宁《宋高僧传》研究　杨志飞著
自我与圣域——现代性视野中的唐君毅哲学　胡　岩著
明代道教文化与社会生活　寇凤凯著
道教医世思想溯源　杨　洋著
近代以来中国佛教慈善事业研究　李湖江著
现代性和中国佛耶关系(1911—1949)　周晓微著
西域佛教演变研究　彭无情著
藏族古典寓言小说研究　觉乃·云才让著
藏传佛教判教研究　何杰峰著
藏彝走廊北部地区藏传佛教寺院研究　李顺庆著

第十八批(2016 年)

重庆华岩寺佛教仪式音乐与传承　陈　芳著
明末清初临济宗圆悟、法藏纷争始末考论　吕真观著
《文子》思想研究　姜李勤著
汉末至五代道教书法美学研究　沈　路著
佛教传统的价值重估与重建

——太虚与印顺判教
思想研究　邓莉雅著
边缘与归属:道教认同的
文化史考察　郭硕知著
道教时日禁忌探源　廖　宇著
清代清修内丹思想比较
研究——以柳华阳、闵
一得、黄元吉为对象　张　涛著
闵一得研究　陈　云著

第十九批(2017 年)

中医运气学说与道教关
系研究　金　权著
《道枢》研究　张　阳著
全真教制初探　高丽杨著
道教师道思想研究　孙瑞雪著
生命哲学视域下的道教
服食研究　徐　刚著
“真心观”与宋元明文艺
思想研究　曹　磊著
礼法与天理:朱熹《家礼》
思想研究　彭卫民著
儒佛融摄视野下的马一
浮、熊十力思想
比较研究　王　毓著
道教与书法关系研究　阳志辉著
近代城市宫观与地方
社会——以杭州玉
皇山福星观为中心　郭　峰著

第二十批(2018 年)

法相唯识学认知思想研究
石文山著
禅观影像论　史　文著
早期道教经韵授度体系
研究　陈文安著
明清禅宗“牧牛诗组”之
研究　林孟蓉著
道教内外丹关系研究　盖　菲著
先秦道家人性论研究　周　耿著
王弼易学研究
——以体用论为中心　张二平著
究天人之际
——从《尚书》上探儒
家本色　黄靖雅著
上阳子陈致虚生平及思想
研究　周　冶著

第二十一批(2019 年)

《春秋》纬与汉代思想世界
王小明著
道教与唐前志怪小说专题
研究　徐胜男著
康有为、梁启超、谭嗣同佛
教思想研究　赵建华著
先秦儒道本体论研究　王先亮著
张万福与唐初道教仪式
的形成　田　禾著

“三纲九目”：朱子《小学》思想研究　徐国明著
先秦儒家天命鬼神观研究　胡静静著
汉末道教的“真道”观及其展开——基于《太平经》《老子想尔注》《周易参同契》的研究　孙功进著
道德与解脱：中晚明士人对儒家生死问题的辩论与诠释　刘琳娜著
王阳明与其及门四大弟子的情论研究　张翅飞著
大道鸿烈——《淮南子》汉代黄老新“道治”思想研究　高　旭著

第二十二批(2020年)

元代理学与社会　朱　军著
《晏子春秋》研究　袁　青著
明代寺院经济研究　周上群著
《老子指归》的哲学研究　袁永飞著
南宋士人笔记中的宋代道士形象研究　武清旸著
唐玄宗道儒佛思想研究——以注疏三经为中心　王玲霞著
陈景元美学思想研究　罗崇蓉著
敦煌本《大乘百法明门论》注疏研究　张　磊著
川北地区道教宫观建筑思想及历史文化研究　王鲁辛著
德国巴伐利亚州立图书馆藏三类金门瑶经书抄本研究　肖　习著

第二十三批(2021年)

元代《春秋》学研究　张立恩著
《楞严经》思想体系研究　段新龙著
困境与机遇：民国成都道教生存状况研究　金恺文著
早期禅宗般若思想研究　陆杰峰著
聚云吹万广真研究　王廷法著
邵以正与明初净明道　叶文学著
清代道教事务管理研究　由　申著
四川三台县云台观研究　袁春霞著
宋代道教炼度研究　刘　陶著

图书在版编目（CIP）数据

清代道教事务管理研究/由申著．—成都：巴蜀书社，2022.10

（儒道释博士论文丛书）

ISBN 978-7-5531-1794-2

Ⅰ．①清…　Ⅱ．①由…　Ⅲ．①道教—宗教事务—研究—中国—清代　Ⅳ．①B959.2②D691.73

中国版本图书馆 CIP 数据核字（2022）第 184736 号

清代道教事务管理研究
QINGDAI DAOJIAO SHIWU GUANLI YANJIU

由申　著

责任编辑　易欣韡
出　　版　巴蜀书社
成都市锦江区三色路 238 号新华之星 A 座 36 层
邮政编码：610023
总编室电话：(028) 86361843
网　　址　www.bsbook.com
发　　行　巴蜀书社
发行科电话：(028) 86361847
经　　销　新华书店
印　　刷　四川宏丰印务有限公司
电话：(028) 85726655　13689082673
版　　次　2022 年 10 月第 1 版
印　　次　2022 年 12 月第 1 次印刷
成品尺寸　203mm×140mm
印　　张　8
字　　数　200 千字
书　　号　ISBN 978-7-5531-1794-2
定　　价　32.00 元